Silke Jena

Betriebssport

D1720074

Silke Jena

# Betriebssport

## Grundlagen, Auswirkungen, Untersuchung

AV Akademikerverlag

**Impressum/Imprint (nur für Deutschland/only for Germany)**
Bibliografische Information der Deutschen Nationalbibliothek: Die Deutsche Nationalbibliothek verzeichnet diese Publikation in der Deutschen Nationalbibliografie; detaillierte bibliografische Daten sind im Internet über http://dnb.d-nb.de abrufbar.

Alle in diesem Buch genannten Marken und Produktnamen unterliegen warenzeichen-, marken- oder patentrechtlichem Schutz bzw. sind Warenzeichen oder eingetragene Warenzeichen der jeweiligen Inhaber. Die Wiedergabe von Marken, Produktnamen, Gebrauchsnamen, Handelsnamen, Warenbezeichnungen u.s.w. in diesem Werk berechtigt auch ohne besondere Kennzeichnung nicht zu der Annahme, dass solche Namen im Sinne der Warenzeichen- und Markenschutzgesetzgebung als frei zu betrachten wären und daher von jedermann benutzt werden dürften.

Coverbild: www.ingimage.com

Verlag: AV Akademikerverlag GmbH & Co. KG
Heinrich-Böcking-Str. 6-8, 66121 Saarbrücken, Deutschland
Telefon +49 681 9100-698, Telefax +49 681 9100-988
Email: info@akademikerverlag.de

Herstellung in Deutschland (siehe letzte Seite)
**ISBN: 978-3-639-44660-9**

**Imprint (only for USA, GB)**
Bibliographic information published by the Deutsche Nationalbibliothek: The Deutsche Nationalbibliothek lists this publication in the Deutsche Nationalbibliografie; detailed bibliographic data are available in the Internet at http://dnb.d-nb.de.

Any brand names and product names mentioned in this book are subject to trademark, brand or patent protection and are trademarks or registered trademarks of their respective holders. The use of brand names, product names, common names, trade names, product descriptions etc. even without a particular marking in this works is in no way to be construed to mean that such names may be regarded as unrestricted in respect of trademark and brand protection legislation and could thus be used by anyone.

Cover image: www.ingimage.com

Publisher: AV Akademikerverlag GmbH & Co. KG
Heinrich-Böcking-Str. 6-8, 66121 Saarbrücken, Germany
Phone +49 681 9100-698, Telefax +49 681 9100-988
Email: info@akademikerverlag.de

Printed in the U.S.A.
Printed in the U.K. by (see last page)
**ISBN: 978-3-639-44660-9**

# Inhalt

# Abbildungen

# 1 Problemstellung

Das Thema Betriebssport und seine Auswirkungen auf Mensch und Betrieb ist gerade in einer Zeit fortschreitender Technisierung und Automatisierung ein aktuelles Thema. Auf Grund des zunehmenden PC-Einsatzes in allen betrieblichen Bereichen führt die Mehrheit der Arbeitnehmer ihre Tätigkeit im Sitzen aus, wodurch der Körper einer sehr einseitigen Belastung unterliegt.

Als Hauptursache krankheitsbedingter Fehltage in Unternehmen werden heute nicht mehr infektiöse oder berufsbedingte Erkrankungen genannt, sondern die so genannten „Zivilisationskrankheiten".[1] Dazu gehören u. a. Fettleibigkeit, ein erhöhter Cholesterinspiegel, Wirbelsäulenerkrankungen und Schädigungen am Bewegungsapparat und dem Herz-Kreislaufsystem. Zurückzuführen sind diese Erkrankungen auf falsche oder einseitige Ernährung, überhöhten Alkohol- und Tabakkonsum und vor allem fehlende Bewegung.[2]

In diesem Zusammenhang stellt die so genannte Frühverrentung ein großes gesellschaftliches Problem dar, weil immer mehr Arbeitnehmer vorzeitig in den Ruhestand treten und somit enorme Kosten entstehen, die von Staat und Krankenkasse nicht mehr getragen werden können. Eine der häufigsten Todesursachen in Deutschland ist der Herzinfarkt, an dem jedes Jahr rund 180 000 Menschen sterben.[3] Wenn man bedenkt, dass die Ursachen eines Herzinfarktes (Bluthochdruck, Stoffwechselstörungen, etc.) meist Folgen von Übergewicht sind, wird deutlich wie unverzichtbar sinnvolle körperliche Aktivität ist.

---

[1] vgl. Sonnemann, Friederike: Pausen als Kraftquellen, in HelfRecht Methodik, I/98, S. 61

[2] vgl. Fixx, James F.: Das komplette Buch vom Laufen, 19. Aufl., Frankfurt am Main 2000, S. 30

[3] vgl. http://www.zdf.de/ZDFde/inhalt/23/0,1872,1020343,00htm (14.04.2004)

Für die Unternehmen stellt Betriebssport eine freiwillige betriebliche Sozialleistung[4] dar, durch die der Arbeitnehmer neben seinem Arbeitsentgelt eine zusätzliche Zuwendung bekommt. Da
diese Sozialleistungen einen nicht unwesentlichen Kostenfaktor für
den jeweiligen Betrieb bedeuten, wird nicht nur von einem entsprechenden Nutzen für den Arbeitnehmer, sondern auch für den
Arbeitgeber ausgegangen.

Die Motive der Betriebssport fördernden Unternehmen sind dabei
sehr zahlreich. So erwartet man von der Sport treibenden Belegschaft u. a. einen verbesserten Gesundheitszustand, eine erhöhte
Leistungsfähigkeit, eine wachsende Leistungsbereitschaft, die Förderung sozialer Kontakte und geringere Fehlzeiten.[5]

Die Wechselwirkungen zwischen körperlicher und geistiger Gesundheit sind bereits seit langem bekannt. Ein gesunder Körper
bewirkt somit nicht nur einen gesunden Geist, sondern dies gilt
auch umgekehrt.[6] Die Auswirkungen mentaler Fitness können auch
körperlich gespürt werden, denn wer in einem gesunden Körper
steckt, „hat gute Voraussetzungen, auch im Kopf fit zu bleiben"[7].

Die Geschäftsführung der Verlagsgruppe Milchstraße in Hamburg
verfolgt mit ihrem breiten Sport- und Gesundheitsangebot für die
Mitarbeiter das Ziel: „Die viel zitierten Softskills der Beschäftigten,
also Teamgeist, gegenseitiger Respekt und Vertrauen, Selbst-
verantwortung, körperliche und geistige Belastbarkeit, sollen möglichst gut entwickelt und ausgebildet sein."[8]

---

[4] Zum Wesen und zur Motivation der Unternehmen Sozialleistungen anzubieten
vgl. Nick, Franz R.: Sozialleistungen, betriebliche und Sozialeinrichtungen, in
Gaugler, Eduard / Weber, Wolfgang (Hrsg.): Handwörterbuch des Personalwesens,
2. Aufl., Stuttgart 1992, Sp. 2066-2080
[5] vgl. Luh, Andreas: Betriebssport zwischen Arbeitgeberinteressen und
Arbeitnehmerbedürfnissen, Aachen 1998, S. 387f.
[6] Die Beziehungen zwischen geistiger und körperlicher Gesundheit sind seit langem
bekannt, wie man am Ausspruch des Dichters Juvenal (ca. 60-140n. Chr.) sehen
kann: Mens sana in corpore sano (In einem gesunden Körper steckt auch ein
gesunder Geist).
[7] vgl. Schwarz, Hubert: Power of Mind, Berlin 2002, S. 30
[8] Lehmann, Jan: Erst die Arbeit, dann das Vergnügen, in Personalmagazin, Mai
(2002), S. 10

Treffen diese Erwartungen zu, könnte dies durchaus positive Auswirkungen auf das Betriebsklima der betreffenden Unternehmen haben. Viele Unternehmen unterstellen deshalb intuitiv einen direkten Zusammenhang zwischen angebotenem Betriebssport und einem guten Betriebsklima. So widmet sich z. B. die Firma Jungheinrich, ein Logistikunternehmen aus Hamburg, in ihrem Personal- und Sozialbericht 2001 sehr ausführlich dem internen Sportwesen und behauptet, dass dadurch „für ein positives Arbeitsklima"[9] gesorgt wird.

In der Realität zeigt sich allerdings, dass die Zusammenhänge zwischen Betriebssport und Betriebsklima „komplizierte, empirisch schwer nachweisbare Beziehungsgefüge"[10] darstellen. Zwar sind die positiven Auswirkungen sportlicher Betätigung auf Körper und Psyche wissenschaftlich bewiesen[11], Zusammenhänge mit bestimmten zwischenmenschlichen Beziehungen lassen sich jedoch nur bedingt feststellen.

Die gegenwärtige Forschungslage zeigt keine (mir bekannten) Ergebnisse zu dieser Problematik auf, weil der Betriebssport in der Bundesrepublik Deutschland ein weitestgehend unerforschtes Phänomen ist. Eine Umfrage aus dem Jahr 1968 zeigt lediglich, dass bereits damals ein Zusammenhang zwischen Betriebssport und einem guten Betriebsklima unterstellt wurde (s. Abb. 1: Meinungen von Unternehmensleitungen zu positiven und negativen Auswirkungen des Betriebssportes). [12]

---

[9] http://www.jungheinrich.de/files/lib/job/PSB_2001_dt.PDF (20.11.2003)
[10] Tofahrn, Klaus W.: Soziologie des Betriebssportes, Berlin 1992, S. 63
[11] zu den physischen und psychischen Auswirkungen von Sport auf den Menschen
   vgl. Kapitel 3
[12] vgl. Tofahrn, Klaus W.: Soziologie des Betriebssportes, Berlin 1992, S. 63

Hypothese 1:    Positiver Einfluss des
Betriebssports auf das Betriebsklima

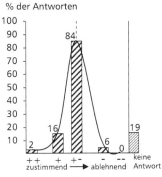

Hypothese 2:    Überdurchschnittliches
Arbeitsinteresse der Betriebssportler

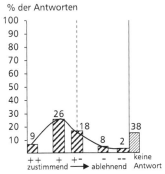

Hypothese 3:    Verminderung der Personal-
fluktuation durch Betriebssport

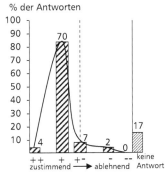

Hypothese 4:    Verbesserung der Arbeitsleistung durch Betriebssportausübung

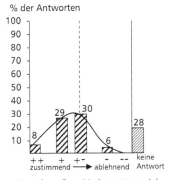

Hypothese 5:    Verbesserte soziale
Eingliederung durch Sport

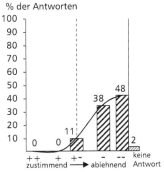

Hypothese 6:    Cliquenbildung durch
Betriebssport

**Abb. 1:**    Meinungen von Unternehmensleitungen zu positiven und negativen
Auswirkungen des Betriebssportes[13]

---

[13] vgl. Tofahrn, Klaus W.: Arbeit und Betriebssport, Berlin 1991, S. 38

Ziel dieser Arbeit ist, einen Zusammenhang zwischen Betriebssport und positivem Betriebsklima fest zu stellen, bzw. zu untersuchen, ob sich die Teilnahme am Betriebssport förderlich auf das Betriebsklima auswirkt.

In Kapitel 2 werden zunächst die Begriffe Betriebssport und Betriebsklima abgegrenzt und definiert. Danach folgt in Kapitel 3 eine Darstellung der Auswirkungen von Sport auf den Menschen in physischer und insbesondere psychischer Hinsicht, da gerade die psychischen Auswirkungen in Zusammenhang mit einer Verbesserung des Betriebsklimas stehen könnten. Darauf aufbauend werden in Kapitel 4 Inhalt und Vorgehensweise der empirischen Untersuchung beschrieben. Im Rahmen dieser Untersuchung wurden Interviews mit Personen aus unterschiedlichen Unternehmen mit Betriebssportangebot durchgeführt und ausgewertet. Abschließend folgen eine Darstellung der wichtigsten Ergebnisse und eine Zusammenfassung der Arbeit.

# 2    Begriffliche Abgrenzungen

Um ein eindeutiges Verständnis der verwendeten Begriffe zu gewährleisten, ist es nötig, im Vorfeld dieser Arbeit einige Definitionen und Begriffsabgrenzungen vorzunehmen.

## 2.1  Betriebssport

Unter Betriebssport kann eine besondere Erscheinungsform von Sport verstanden werden, die in irgendeiner Art (materiell, personell oder organisatorisch) im Zusammenhang mit einem Unternehmen oder anderen Arbeitsstätte steht. Im Mittelpunkt betrieblich bedingter sportlicher Aktivitäten steht nicht etwa die sportliche Leistung, sondern der Ausgleich einseitiger Arbeitsbelastungen und die Förderung der sozialen Beziehungen im Betrieb.[14] Deshalb wird Betriebssport in den vielfältigen Formen des Breiten- und Freizeitsportes ausgeübt, wobei eben nicht die individuelle Höchstleistung, sondern das sportliche und gesellschaftliche Miteinander im Vordergrund steht.

Betriebssport ist auch eine betriebliche Maßnahme zur Gesundheitsförderung. Hierbei reicht das Angebot von Sportkursen, wie beispielsweise Rückenschule und ähnlichen Bewegungstherapien, bis hin zu Entspannungstechniken und Bewegungspausen am Arbeitsplatz. Die Aufgaben des organisierten Betriebssports sind dabei koordinierende und beratende Funktionen.[15] Gesundheitsfördernde Maßnahmen werden meist in Zusammenarbeit mit einer Krankenkasse angeboten, zum Beispiel mit der Allgemeinen Ortskrankenkasse (AOK), die den Firmen verschiedene Programme (Rückenschule, Mit dem Rad zur Arbeit, etc.) anbietet.[16]

---

[14] vgl. Müller-Seitz, Peter: Betriebssport, in Gaugler, Eduard / Weber, Wolfgang (Hrsg.): Handwörterbuch des Personalwesens, 2. Aufl., Stuttgart 1992, Sp. 636
[15] vgl. http://www.deutscher-betriebssportverband.de/dokumente/ aufgabenzielestrukturen.doc (17.02.2004)
[16] vgl. http://www.mit-dem-rad-zur-arbeit.de/bayern (16.06.2004)

## 2.1.1    Erscheinungsformen des Betriebssports

Die Organisation des Betriebssports kann entweder von der Arbeit-
nehmer- oder von der Arbeitgeberseite ausgehen, wobei unterschieden werden muss, wann die sportliche Betätigung stattfindet.
Grundsätzlich kann aber angenommen werden, dass Sport, der
vom Unternehmen aus angeboten wird, häufig ein Bestandteil des
Arbeitsalltags ist, während der arbeitnehmerseitig organisierte Betriebssport eher außerhalb der Arbeitszeit betrieben wird.[17]

### Organisation des Betriebssports

| durch das Unternehmen | durch die Arbeitnehmer |
|---|---|
| - Bewegungspausen am Arbeitsplatz | - organisierte Betriebs-sportgemeinschaften |
| - Auszubildendensport | - betriebsnahe Sportvereine |
| - verbandsungebundener Betriebssport | - betriebliche Sport-gruppen |
| - betriebssportliche Freizeitangebote | |

Abb. 2:        Organisationsformen des Betriebssports[18]

Die Bewegungspause am Arbeitsplatz findet während der Arbeitszeit statt, unterbricht somit den möglicherweise monotonen Ar-
beitsablauf und bietet dem Arbeiter die Möglichkeit, einseitige
körperliche Belastung noch während seiner Arbeitszeit zu kompen-
sieren. Trotzdem hat sich „die Bewegungspause in der betrieblichen Praxis nicht umsetzen können"[19].

---

[17] vgl. Tofahrn, Klaus W.: Arbeit und Betriebssport, Berlin 1991, S. 28
[18] vgl. ebenda, S. 29
[19] Tofahrn, Klaus W.: Soziologie des Betriebssportes, Berlin 1992, S. 54

Anders der verbandsungebundene Betriebssport, der hauptsächlich in vom Betrieb bereitgestellten Sportanlagen (Mehrzweck-
hallen, Fußballplätze, Schwimmbäder, etc.) betrieben wird. Diese
Erscheinungsform des Betriebssports ist weit verbreitet, da die Mitarbeiter sich nicht nach bestimmten Zeiten richten müssen und das
Sportangebot nutzen können wie und wann sie wollen.

Ungebundene Betriebssportgruppen sind lose Interessengemein-
schaften, bei denen sich die Teilnehmer unregelmäßig und unor-
ganisiert zum gelegentlichen Sport treffen. Dies sind zum Beispiel
Fußballmannschaften oder Kegelgruppen. Charakteristisch für diese Art von Betriebssport ist, dass sich die Gruppe bei jedem Treffen
unterschiedlich zusammensetzt und unterschiedlich groß ist. Im
Gegensatz dazu stehen die organisierten Betriebssportgemeinschaften, die von den Unternehmen meistens gefördert und unterstützt werden.[20]

Ein Beispiel für betriebsnahe Sportvereine ist die Outdoor-Sportgruppe des VfB Rehau, einem lokalen Sportverein. Die Outdoor-
Gruppe entstand auf Wunsch von Mitarbeitern der Firma Rehau,
als Untergruppe des VfB Rehau, so dass Räumlichkeiten und Gerätschaften zusammen genutzt werden konnten. Mitglieder in der
Outdoor-Sportgruppe sind zwar meist gleichzeitig Mitarbeiter der
Firma Rehau, es kann aber jeder diesem betriebsnahen Sportverein
beitreten.[21]

Teilnehmer am Betriebssport sind nicht nur die Arbeitnehmer des
jeweiligen Betriebes, sondern auch „Pensionäre, Angehörige und
in Ausnahmefällen auch Betriebsfremde"[22], wobei die Teilnahme
auf freiwilliger Basis beruht. Betriebssport vermittelt auch weniger
Talentierten, Älteren und Untrainierten Freude und Vergnügen am
Sport, da es weniger auf die Leistung, sondern getreu dem olym-
pischen Gedanken „Dabei sein ist alles!" auf die Teilnahme
ankommt.

---

[20] vgl. Tofahrn, Klaus W.: Soziologie des Betriebssportes, Berlin 1992, S. 54
[21] vgl. http://www.outdoor-im-vfb.de/arch/press/Rehau_is_running.htm
   (23.03.2004)
[22] Tofahrn, Klaus W.: Arbeit und Betriebssport, Berlin 1991, S. 26

Betriebssportgemeinschaften werden sehr häufig von den Unternehmen finanziert oder zumindest finanziell unterstützt, zum Beispiel durch die Bereitstellung von Sportanlagen, notwendigen Gerätschaften, Übungsleitern, Trainern, etc.

Um die Kosten für die Unternehmen möglichst gering zu halten, arbeiten viele Firmen mit örtlichen Sportvereinen und Fitnesseinrichtungen zusammen. Eine solche Zusammenarbeit hat nicht nur den Vorteil, dass Firmenmitarbeiter die sportlichen Angebote vergünstigt oder sogar kostenfrei nutzen können, sondern das Unternehmen selbst hat die Möglichkeit, „den Sportanbieter durch firmeninterne Werbung zu pushen"[23], was sich wiederum günstig auf das Image auswirkt.

Allgemein gilt ein Unternehmen, das in Zusammenhang mit sportlichen Aktivitäten gebracht wird, als „modern, mitarbeiterfreundlich und fit"[24].

## 2.1.2    Aktuelle Situation in Deutschland

Betriebssport wurde schon vereinzelt zu Beginn des 20. Jahrhunderts als „Fabrikturnen und Werkssport"[25] betrieben und ist daher eine der ältesten Sozialleistungen, die Betriebe ihren Mitarbeitern anbieten.

Die eigentlichen Wurzeln des Betriebssports liegen aber erst in den zwanziger Jahren, als der Sport schädliche Begleiterscheinungen der zunehmenden Industrialisierung auf Körper und Geist der Arbeiter ausgleichen sollte. Damals wurden vor allem körperliche Übungen als Ausgleichsgymnastik in die Arbeitszeit eingeflochten, wobei es jedoch schon vereinzelte arbeitnehmerseitig organisierte Gruppen gab, die den Sport gemeinsam in ihrer Freizeit ausübten.[26]

---

[23] Lehmann, Jan: Erst die Arbeit, dann das Vergnügen, in Personalmagazin, Mai (2002), S. 10

[24] Lehmann, Jan: Wenn das Team für die Firma spielt, in Personalmagazin, Mai (2002), S. 7

[25] http://www.deutscher-betriebssportverband.de/dokumente/leitbild.doc (17.02.2004)

[26] vgl. Tofahrn, Klaus W.: Soziologie des Betriebssportes, Berlin 1992, S. 44

In der Zeit während des Nationalsozialismus wurde zwar weiterhin Betriebssport betrieben, jedoch musste die Idee des körperlichen Ausgleichs dem Gedanken der allgemeinen Wehrertüchtigung weichen.

Nach dem zweiten Weltkrieg wurde 1949 in Hamburg der Vorläufer des heutigen Betriebssportverbandes gegründet, während die Mitgliederzahlen in den Folgejahren kontinuierlich angestiegen sind.[27] Obwohl die Mitgliederzahlen seit 1995 zurückgehen, verzeichnet der Deutsche Betriebssportverband e. V., ein Zusammenschluss zahlreicher Betriebssportgemeinschaften, immer noch über 300.000 Mitglieder und 5530 Betriebssportvereine. Die Ursache für den Rückgang der Teilnehmerzahlen führt der Deutsche Betriebssportverband jedoch nicht auf ein gesunkenes Interesse am Betriebssport seitens der Arbeitgeber zurück, sondern vielmehr auf den kontinuierlichen Personalabbau von Großunternehmen und Konzernen.[28]

**Der Betriebssport in seiner zahlenmäßigen Entwicklung**

| Zeitpunkt | Zahl der BSG | Frauen | Männer | Gesamt |
|---|---|---|---|---|
| 1960 | 1.448 | 6.483 | 62.576 | 69.059 |
| 1971 | 3.544 | 20.805 | 132.999 | 153.804 |
| 1983 | 5.596 | 58.440 | 236.882 | 295.322 |
| 1990 | 6.191 | 76.896 | 272.633 | 349.529 |
| 2000 | 5.855 | 93.587 | 252.350 | 345.937 |
| 2001 | 5.629 | 92.978 | 248.633 | 341.611 |
| 2002 | 5.530 | 93.758 | 241.490 | 335.248 |

**Abb. 3:**     Entwicklung der Mitgliederzahlen des DBSV[29]

[27] vgl. Müller-Seitz, Peter: Betriebssport, in Gaugler, Eduard / Weber, Wolfgang (Hrsg.): Handwörterbuch des Personalwesens, 2. Aufl., Stuttgart 1992, Sp. 636
[28] vgl. http://www.hdako.de/dbsv/dokumente/dbsv-klausurtagung-muenster2003.doc (20.02.2004)
[29] vgl. http://www.deutscher-betriebssportverband.de/dokumente/50-jahre-deutscher-betriebssportver- band.doc (17.02.2004)

Das Dach des organisierten Betriebssports bildet in Deutschland der Deutsche Betriebssportverband e. V. (DBSV), ein Sportverband mit besonderer Aufgabenstellung im Deutschen Sportbund (DSB). Das Leitbild des DBSV verkörpert den Grundsatz, dass Betriebssport den Unternehmen und Behörden ebenso wie deren Mitarbeiterinnen und Mitarbeitern gut tut und sieht den Menschen im Mittelpunkt des sportlichen Geschehens. Als Dachverband des betrieblichen Sportwesens ist der DBSV seit fünf Jahren Veranstalter der Deutschen Betriebssportmeisterschaften, die in verschiedenen Sportarten stattfinden.

Als bekanntestes Event gilt hierbei der Frankfurter Firmenlauf, der auch oft als „Betriebsausflug mit Bewegungsprogramm"[30] bezeichnet wird. Die Teilnehmerzahlen seit der ersten Veranstaltung im Jahr 1993 haben sich sehr rasant gesteigert (s. Abb. 5: Teilnehmerentwicklung des Frankfurter Firmenlaufs). Im Jahr 2002 waren sogar mehr als 50 000 Starter verzeichnet.[31]

| Teilnehmerentwicklung des Frankfurter Firmenlaufs | | |
|---|---|---|
| Jahr | Teilnehmer | Steigerung in Prozent |
| 1993 | 526 | |
| 1994 | 1500 | 185 |
| 1995 | 3200 | 113 |
| 1996 | 5300 | 65 |
| 1997 | 8553 | 61 |
| 1998 | 13875 | 62 |
| 1999 | 20685 | 49 |
| 2000 | 25527 | 23 |
| 2001 | 40099 | 57 |

Abb. 4:        Teilnehmerentwicklung des Frankfurter Firmenlaufs[32]

---

[30] Roßel, Stefanie: Betriebsausflug an den Main, in Runner´s World, August (2003), S. 54f.
[31] vgl. ebenda, S. 54
[32] vgl. Steffens, Thomas : 40 000 liefen durch Mainhattan, in Runner´s World, Juli (2001), S. 43

Die Sportarten, die am häufigsten von den Firmen betrieben werden, sind nach wie vor Fußball oder Tennis, wobei sich in den letzten Jahren wie im Freizeitsport so auch im Betriebssport der Trend zum Ausdauersport beobachten lässt, so dass nun auch häufig Laufgruppen oder Radmannschaften anzutreffen sind.[33] Der Vorteil hierbei ist der geringe Aufwand für den entsprechenden Betrieb, da keine hohen Kosten für spezielle Räumlichkeiten (Mehrzweckhalle, Fußballplatz, Schwimmbad, etc.) oder Trainer anfallen.

Die Zahl der angebotenen Sportarten kann aber auch sehr umfangreich sein, wie das Beispiel der Firma Jungheinrich in Hamburg zeigt. Dort werden neben gängigen Sportarten wie Fußball, Laufen oder Fitness auch Sportarten wie Schießen, Bowling oder sogar Hochseeangeln angeboten.[34]

### Die mitgliederstärksten Sportarten im Jahr 2002
(Männer und Frauen insgesamt)

| | | | |
|---|---|---|---|
| Fußball | 74.116 | Squash | 8.551 |
| Tennis | 34.115 | Wandern | 7.857 |
| Gymnastik | 23.285 | Segeln | 7.638 |
| Tischtennis | 21.508 | Sportschießen | 4.685 |
| Kegeln | 18.942 | Trendsportarten | 4.669 |
| Bowling | 16.663 | Radsport | 4.290 |
| Leichtathletik | 13.518 | Gesundheitssport | 4.269 |
| Schwimmen | 13.450 | Tanzsport | 4.212 |
| Volleyball | 12.923 | Ski | 3.897 |
| Badminton | 12.886 | Schach | 3.878 |

**Abb. 5:** Die mitgliederstärksten Sportarten im Jahr 2002[35]

---

[33]vgl. http://www. deutscher-betriebssportverband.de/dbsv-info1.html (17.02.2004)
[34] vgl. http://www.jungheinrich.de/files/lib/job/PSB_2001_dt.PDF (20.11.2003)
[35] vgl. http://www.deutscher-betriebssportverband.de/dokumente/50-jahre-deutscher-betriebssportverband.doc (17.02.2004)

Ein Beispiel für ein Unternehmen, das sehr großen Wert auf betriebsinternen Sport legt, ist die Verlagsgruppe Milchstraße
(u. a. Verleger des Sport-Magazins „Fit for Fun") in Hamburg, welche einen hauseigenen Sportclub namens „Milky Way" hat, an
dem 520 von 800 Beschäftigten, sowie rund 60 Angehörige teilnehmen. Das Sportangebot ist sehr vielfältig und reicht vom Golfkurs über Reitgruppen bis hin zur Fußballmannschaft, so dass für
jeden Mitarbeiter das Richtige dabei ist.

Zur Förderung der Motivation veranstaltet die Verlagsgruppe
Milchstraße einmal im Jahr einen Sporttag, eine Art zwanglose Betriebsolympiade, wo die Mitarbeiter gegeneinander antreten können. Wie ernst dieses Unternehmen den Sport nimmt, zeigt die
Summe, die das Unternehmen jährlich für den Betriebssport ausgibt und die bei 500.000 bis 600.000 Euro liegt.[36]

Die bekannteste Sportgruppe, die aus einer ehemaligen Betriebssport-Mannschaft hervor gegangen ist, ist die Fußballmannschaft
des Bayer 04 Leverkusen, die oft als „Werkself" bezeichnet wurde
und im Jahr 1904 von Werksangehörigen des Bayer-Unternehmens
gegründet wurde. Mittlerweile spielt der Verein Bayer 04 Leverkusen seit 1979 in der Ersten Bundesliga und war bereits dreimal
Deutscher Fußballvizemeister. Die Bayer-Sportvereine verzeichnen
heute rund 70.000 Mitglieder in ihren verschiedenen Werken und
gehören damit zu den Unternehmen mit dem größten Sportangebot.[37]

Obwohl die zukünftige Entwicklung des Betriebssports in Deutschland nicht zuletzt von der Entwicklung des Arbeitsmarktes abhängt, können einige Trends für die Zukunft prognostiziert werden. Zunächst ist zu erwarten, dass der Anteil von Frauen am
Betriebssport steigen wird. Während im Jahr 1998 noch 91.222
(26%) der Betriebssportler Frauen waren, waren es 2002 bereits
93.758 (28%), wobei der Männeranteil im selben Jahr um 18.621
(5,5%) Teilnehmer zurückging.[38]

---

[36] vgl. Lehmann, Jan: Erst die Arbeit, dann das Vergnügen, in Personalmagazin, Mai
    (2002), S. 10f.
[37] vgl. Lehmann, Jan: Wenn das Team für die Firma spielt, in Personalmagazin, Mai
    (2002), S. 6f.
[38] vgl. http://www.deutscher-betriebssportverband.de/dokumente/50-jahre-
    deutscher-betriebssportverband.doc (17.02.2004)

Weiterhin kann festgehalten werden, dass Erfolgschancen für die Zukunft am ehesten bei den Betriebssportvereinen zu erwarten sind, die eine gesunde Mischung aus unterschiedlichen sportlichen und geselligen Angeboten aufweisen. Außerdem sollte auch im Betriebssport der Trend zu Gesundheit und Fitness beachtet werden und eine Umorientierung zu entsprechenden Sportarten (z. B. Nordic Walking) erfolgen.[39]

---

[39] vgl. http://www.hdako.de/dbsv/dokumente/dbsv-klausurtagung-muenster2003.doc (20.02.2004)

## 2.2  Betriebsklima

Eine einheitliche Definition dessen, was unter dem Betriebsklima
eines Unternehmens verstanden wird, gibt es nicht. Je nachdem
wie das Betriebsklima durch einen Beschäftigten wahrgenommen
wird, wird es subjektiv beurteilt. So verbindet z. B. ein Arbeitnehmer mit dem Betriebsklima die Begriffe Arbeitszufriedenheit
oder Arbeitsmoral, während ein anderer damit die vorherrschende
Unternehmenskultur assoziiert. Nun kann aber nicht gesagt werden, dass der eine oder andere Aspekt falsch sei, wobei es beim
Betriebsklima um die Wahrnehmung und Bewertung betrieblicher
Gegebenheiten auf der Ebene der Belegschaft geht. Das Betriebsklima beinhaltet also zahlreiche subjektiv wahrgenommene Faktoren und spiegelt die Stimmung im Betrieb wider. [40]

Ausgeschlossen werden kann, dass unter Betriebsklima ausschließlich die äußeren Arbeitsbedingungen wie Raumtemperatur oder
Luftfeuchtigkeit verstanden werden, sondern eher das „Erleben
und Verhalten von Menschen in einem Betrieb"[41], wobei zwischen-
menschliche Beziehungen eine große Rolle spielen.

Gemeint ist hiermit das Verhältnis von Mitarbeitern zu Vorgesetzten (vertikale soziale Beziehung) und das Verhältnis der Arbeitnehmer untereinander (horizontale soziale Beziehung). Da diese
Beziehungen von jedem Beschäftigten des Betriebes unterschiedlich empfunden werden, wird das Betriebsklima immer subjektiv
erlebt und beurteilt.

---

[40] vgl. Beyer, Horst-Thilo: Personallexikon, München 1990, S.95 f.
[41] von Rosenstiel, Lutz: Betriebsklima geht jeden an, 4. Aufl., München 1992, S. 17

## 2.2.1 Wirkungen des Betriebsklimas

Weil das Betriebsklima „in erheblichem Umfang die Arbeitsfreude und damit auch das positive Erleben der Arbeit"[42] beeinflusst, wirkt es sich auch auf die Arbeitsleistung aus. So wird z. B. ein Arbeitnehmer, der Freude an seiner täglichen Beschäftigung hat, in der Regel eine höhere Motivation aufweisen und bessere Arbeitsergebnisse erzielen als ein Arbeitnehmer, der seiner Tätigkeit nur nachgeht, um seinen Lebensunterhalt zu sichern.

Dass weniger die äußeren Arbeitsbedingungen, sondern vor allem „die informellen zwischenmenschlichen Beziehungen und die Normen des sozialen Verhaltens für die Arbeit und die Arbeitsergebnisse"[43] verantwortlich sind, wurde erstmals in den so genannten Hawthorne-Untersuchungen (1927-1932) erkannt. Aufgrund dieser Studien konnte erstmals eine Abhängigkeit zwischen sozialen Beziehungen und Arbeitsleistung hergestellt werden.

Im Rahmen von Beleuchtungsexperimenten, bei denen man die Intensität der Beleuchtung am Arbeitsplatz veränderte, wurde erkannt, dass eine Verbesserung der Arbeitsleistung allein dadurch erreicht werden konnte, dass die Arbeitnehmer der beobachteten Gruppe eine erhöhte Aufmerksamkeit erfuhren.

Diese damals überraschenden Ergebnisse wurden darauf zurückgeführt, dass sich die Mitglieder der beobachteten Arbeitsgruppe ernst genommen und anerkannt fühlten. Folglich wurde dadurch die Gruppendynamik verstärkt, die zwischenmenschlichen Beziehungen gefördert und das Betriebsklima verbessert, was zu positiven Effekten auf das Leistungsverhalten führte.[44]

---

[42] von Rosenstiel, Lutz/Falkenberg, Thomas/Hehn, Walter: Betriebsklima heute, 2. Aufl., Ludwigshafen 1983, Vorwort
[43] ebenda, S. 125
[44] vgl. Staehle, Wolfgang H.: Management, 8. Aufl., München 1999, S. 33-35

Doch nicht nur die Arbeitsleistung wird durch ein gutes Betriebsklima erhöht, sondern es bewirkt gleichzeitig eine geringe Fluktuation. Unter Fluktuation versteht man „jedes auf Dauer angelegte
Ausscheiden eines Arbeitnehmers aus der Unternehmung, das
nicht einseitig betrieblich verfügt ist"[45].

Das heißt, bei einer schwach ausgeprägten Fluktuationsquote (F)[46]
liegt eine lange Betriebszugehörigkeit vor, weil Mitarbeiter, die
sich in der Gemeinschaft der Arbeitnehmer eines Betriebes wohl
fühlen, ihren Arbeitsplatz nicht so häufig wechseln wie Mitarbeiter, die sich nicht wohl fühlen.

Weiterhin wirkt sich das Betriebsklima auf die Fehlzeiten in einem
Unternehmen aus, wobei hier im Zusammenhang mit dem Betriebsklima insbesondere die Problematik des Absentismus betrachtet werden muss. Unter Absentismus werden Fehlzeiten verstanden, die auftreten, obwohl Mitarbeiter ihre Tätigkeiten ausüben könnten und müssten.

Nicht krankheitsbedingte Fehlzeiten sind folglich auf andere
Ursachen zurückzuführen, die entweder von der privaten Lebens-
situation oder von der Arbeitssituation des jeweiligen Mitarbeiters
abhängen können. Wird nun das Betriebsklima in einem Unternehmen von den Mitarbeitern als schlecht empfunden, ist die Bereitschaft, dem Arbeitsplatz fern zu bleiben höher, als wenn das
Klima positiv erlebt wird.[47]

---

[45] Dincher, Roland: Fluktuation, in Gaugler, Eduard/Weber, Wolfgang (Hrsg.):
Handwörterbuch des Personalwesens, 2. Aufl., Stuttgart 1992, Sp. 875

[46]
$$F = \frac{\text{Zahl der Abgänge}}{\text{durchschnittliche Gesamtzahl der Beschäftigten}}$$

Beyer, Horst-Thilo: Personallexikon, 1. Aufl., München 1990, S. 134

[47] vgl. Nieder, Peter: Absentismus, in Gaugler, Eduard/Weber, Wolfgang (Hrsg.):
Handwörterbuch des Personalwesens, 2. Aufl., Stuttgart 1992, Sp. 1-9

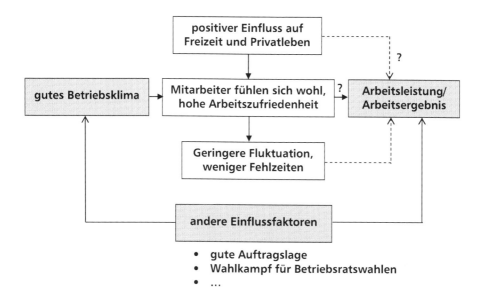

**Abb. 6:** Einfluss des Betriebsklimas auf Arbeitsbereitschaft und Arbeitsleistung[48]

Das Betriebsklima hat aber nicht nur Auswirkungen auf betrieblicher Ebene, sondern auch auf den Privatbereich des Arbeitnehmers. Ein Mitarbeiter, der in einem Betrieb mit schlechtem Betriebsklima arbeitet, wird sich in einer schlechteren Stimmung befinden, als ein Mitarbeiter, der seine Aufgaben in einer positiven Atmosphäre verrichtet. Diese Stimmung überträgt sich somit auch in die Freizeit und das Privatleben.[49]

---

[48] vgl. Beyer, Horst-Thilo: Personallexikon, 1. Aufl., München 1990, S.97
[49] Gemeint sind hiermit die Wechselwirkungen zwischen Beruf und Privatleben. Die Laune aus dem Berufsleben wird meist (unbewusst) in das Privatleben übertragen und umgekehrt. Je besser die Stimmung im einen Milieu ist, desto besser ist sie auch im anderen.

## 2.2.2    Wichtige Einflussfaktoren auf das Betriebsklima

Da das Betriebsklima unterschiedlich wahrgenommen wird und
deshalb für jeden Menschen andere Faktoren für das Betriebsklima
entscheidend sind, gibt es eine Vielzahl von möglichen Einflussfaktoren.

*a) Betriebliche Sozialleistungen*

Einen wichtigen Einflussfaktor stellen betriebliche Sozialleistungen
dar. Dies sind „nicht unmittelbar zum Arbeitslohn gehörende Geld-
und Sachleistungen, die der Unternehmer seinen Arbeitnehmern
ohne gesetzliche und tarifvertragliche Verpflichtung gewährt".[50]
Beispiele für betriebliche Sozialleistungen sind:

- Vermögenswirksame Leistungen

- betriebliche Altersvorsorge

- Sachgüter (Firmenwagen o. ä.)

- Dienstleistungen (Reiseplanung, Wohnungssuche, etc.)

- Werkskindergärten

- Betriebssport (oftmals eigene Sportanlagen)

Die Gründe, warum Unternehmen Sozialleistungen anbieten liegen
zum einen in steuerlichen Vergünstigungen, zum anderen sollen
dadurch zusätzliche Leistungsanreize für die Mitarbeiter geschaf-
fen werden. Anreize sind dabei „solche Bestandteile der wahrge-
nommenen Situation, die Motive anregen und motiviertes Verhalten herbeiführen."[51]

---

[50] http://www.wissen.de/xt/default.do?MENUNAME=Suche&SEARCHTYPE=topic&
query=sozialleistungen (11.12.2003)
[51] von Rosenstiel, Lutz: Motivation im Betrieb, 10. Aufl., Leonberg 2001, S. 234

Anreize in Form von betrieblichen Sozialleistungen wirken demnach motivierend auf die Arbeitnehmer, fördern ihre Leistungsbereitschaft und erhöhen damit ihre Arbeitszufriedenheit. Diese Faktoren bewirken daher ein gutes Betriebsklima, weil motivierte und zufriedene Mitarbeiter ihre Arbeitssituation als positiv empfinden.

*b) Arbeitsbedingungen*

Ein weiterer Einflussfaktor auf das Betriebsklima sind die Arbeitsbedingungen, unter denen der Mitarbeiter seine Tätigkeiten verrichtet. Gemeint sind hiermit die „äußeren Bedingungen am Arbeitsplatz, wie z. B. Lärm, Staub, Hitze und Geruch"[52].

Diese Bedingungen gewährleisten nicht nur die ungehinderte Ausführung der Arbeit, sondern wirken sich auch auf das Wohlbefinden des Mitarbeiters aus. Je besser die Bedingungen sind, unter denen der Mitarbeiter seine alltägliche Arbeitszeit verbringt, desto wohler wird er sich fühlen und somit auch das Betriebsklima als positiv empfinden.

*c) Arbeitsstrukturierung*

Unter Arbeitsstrukturierung werden Methoden der Arbeitsgestaltung verstanden, die sich „an ergonomischen Prinzipien ebenso wie an organisatorischen Zielen und individuellen Wünschen der betroffenen Mitarbeiter orientieren"[53] sollen.

---

[52] von Rosenstiel, Lutz: Betriebsklima geht jeden an, 4. Aufl., München 1992, S. 25
[53] Drumm, Hans Jürgen: Personalwirtschaft, 4. Aufl., Berlin, 2000, S. 144

Dabei gibt es im Wesentlichen vier unterschiedliche Konzepte, die versuchen, diesen Anforderungen gerecht zu werden. Jedes dieser Konzepte wirkt sich positiv auf das Betriebsklima aus, da alle Maßnahmen selbständiges und eigenverantwortliches Arbeiten fördern und den Mitarbeitern Abwechslung am Arbeitsplatz bieten. Hingegen werden Faktoren, wie Monotonie, einseitige Belastung und geistige Unterforderung vermieden, weil sie ein schlechtes Betriebsklima bewirken.

| Konzept | Maßnahme |
|---|---|
| job rotation = Arbeitsplatz-ringtausch | systematischer Arbeitsplatzwechsel in einer bestimmten zeitlichen Reihenfolge in Abhängigkeit von Art und Schwierigkeitsgrad der einzelnen Tätigkeiten |
| job enlargement = Arbeits-ausweitung | „quantitative Erweiterung des Tätigkeitsspielraums"[54] durch Aufnahme von zusätzlichen ähnlichen Tätigkeiten |
| job enrichement = Arbeits-anreicherung | „qualitative Veränderung der Arbeit"[55], indem dem Mitarbeiter ein größerer Handlungsspielraum eingeräumt wird |
| Arbeit in teilautonomen Gruppen | weitgehend selbständige Arbeitsgruppen mit eigener Planungs- und Entscheidungsbefugnis |

**Abb. 7:**     Konzepte der Arbeitsstrukturierung[56]

---

[54] Schanz, Günther: Personalwirtschaftslehre, 3. Aufl., München, 2000, S. 569
[55] ebenda, S. 570
[56] vgl. ebenda, S. 570

## d) Vergütung

Die Vergütung ist das Arbeitsentgelt, das Arbeitnehmer für ihre erbrachte Arbeitsleistung erhalten. Eine entsprechende Entlohnung hat aber nicht nur den Zweck den Lebensunterhalt zu sichern, sondern kann auch „als Symbol für Erfolg und Prestige"[57] angesehen werden. Im Zusammenhang mit dem Einfluss auf das Betriebsklima, stellt sich nun die Frage, wie die betriebliche Vergütung gestaltet sein muss, damit sie möglichst positive Auswirkungen hat.

Zunächst einmal muss der Forderung nach einem möglichst gerechten Entlohnungssystem nachgekommen werden, um Unzufriedenheit, Neid und Streitigkeiten unter den Mitarbeitern vorzubeugen. Dabei gilt es, folgende vier Grundsätze einzuhalten:

| Grundsatz | Umsetzung |
| --- | --- |
| Leistungsgerechtigkeit | Wahl der geeigneten Lohnform (Zeitlohn, Akkordlohn, Prämienlohn, Erfolgsbeteiligung) |
| Sozialgerechtigkeit | Berücksichtigung sozialer Bedürfnisse, wie etwa das Alter, den Familienstand, die Anzahl der Kinder, usw. |
| Anforderungsgerechtigkeit | Anpassung des Entlohnungssystems an den unterschiedlichen Schwierigkeitsgrad der Tätigkeiten |
| Marktgerechtigkeit | Gewährleistung der Vergleichbarkeit des Entgelts mit den marktüblichen Löhnen oder Gehältern |

**Abb. 8:** Grundsätze eines gerechten Entlohnungssystems[58]

---

[57] Staehle, Wolfgang H.: Management, 8. Aufl., München 1999, S. 820
[58] vgl. Hopfenbeck, Waldemar: Allgemeine Betriebswirtschafts- und Managementlehre, 13. Aufl., Landsberg/Lech 2000, S. 440f.

Neben einem gerechten Lohnsystem, steht aber auch die Forderung nach einer Entlohnung, die „Ausdruck der Anerkennung
für erbrachte Leistung"[59] sein soll. Die Bezahlung muss demnach
auch das Bedürfnis nach Anerkennung und Selbstdarstellung eines
Arbeitnehmers erfüllen.

Bei der Frage nach der Auswirkung auf das Betriebsklima kommt
es daher auf die Sichtweise des jeweiligen Arbeitnehmers an. Sieht
er sein Entgelt als Vergütung an, die ihm zusteht, weil sie tariflich
vorgeschrieben oder marktüblich ist, wird er zwar weiterhin seiner
Arbeit nachgehen, jedoch ohne größere Anstrengungen zu unternehmen. Nimmt er seine Bezahlung aber als Belohnung für seine
geleistete Arbeit wahr, ist er zufriedener und seine Leistungsbereitschaft steigt, weil er merkt, dass seine erbrachte Arbeit anerkannt wird.

Für ein gutes Betriebsklima ist es also nicht nur wichtig, dass die
Entlohnung vom Empfänger als gerecht angesehen wird, sondern
dass sie ihm auch Anerkennung für seine geleisteten Tätigkeiten
bietet.

---

[59] von Rosenstiel, Lutz: Betriebklima geht jeden an, 4. Aufl., München 1992, S.25

## e) Führungsstil

Führungsstile sind „Grundausrichtungen des Führungsverhaltens"[60] von Vorgesetzten, die dadurch ihre Macht auf die ihnen unterstellten Mitarbeiter ausüben. Der angewandte Führungsstil in einem Unternehmen beeinflusst das Betriebsklima, weil durch die Führung des Personals die vertikale soziale Beziehung zwischen Mitarbeitern und Vorgesetzten gestaltet werden kann. Dabei gibt es unterschiedliche Führungsstilvarianten, die sich im Grad der Entscheidungsbefugnis der Unterstellten unterscheiden.

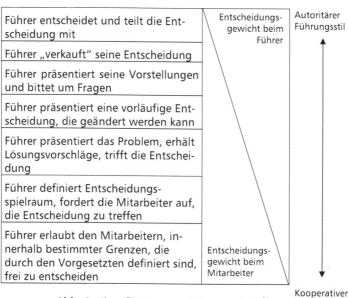

**Abb. 9**: Klassifikation von Führungsstilen[61]

Aus Abb. 9 ist erkennbar, dass es zwei extreme Varianten von Führungsstilen gibt, bei der die Entscheidungsbefugnis der Mitarbeiter überhaupt nicht (autoritärer Führungsstil) oder sehr stark (kooperativer Führungsstil) ausgeprägt ist.

---

[60] Schanz, Günther: Personalwirtschaftslehre, 3. Aufl., München 2000, S. 679
[61] vgl. Hentze, Joachim: Personalwirtschaftslehre 2, 6. Aufl., Bern, 1995, S. 195

Während beim autoritären Führungsstil Entscheidungen allein vom Vorgesetzten getroffen und auch durchgesetzt werden, sind beim kooperativen Führungsstil auch die Unterstellten befugt innerhalb bestimmter Grenzen (z. B. innerhalb des jeweiligen Zuständigkeitsbereichs) eigene Entscheidungen zu treffen.

Im Zusammenhang mit den Wirkungsweisen der verschiedenen Führungsstile wird in der Literatur meist auf die sog. Ohio-State-Studien verwiesen, die eine Abhängigkeit zwischen Aufgaben- und Mitarbeiterorientierung ergaben.

| | niedrig | hoch |
|---|---|---|
| hoch | Hohe Mitarbeiter-, niedrige Aufgabenorientierung | Hohe Mitarbeiter- *und* Aufgabenorientierung |
| niedrig | Niedrige Mitarbeiter- *und* Aufgabenorientierung | Niedrige Mitarbeiter-, hohe Aufgabenorientierung |

Mitarbeiterorientierung (vertikale Achse, hoch/niedrig); Aufgabenorientierung (horizontale Achse, niedrig/hoch)

Abb. 10: Führungsstilvarianten der Ohio-State-Studien[62]

Nach Aussage dieser Studien führt eine hohe Mitarbeiter- und gleichermaßen stark ausgeprägte Aufgabenorientierung zu „hoher Zufriedenheit"[63] und einer „guten Arbeitsleistung von begeisterten Mitarbeitern".[64]

Bei der Untersuchung welche Auswirkungen unterschiedliches Führungsverhaltens auf das Betriebklima hat, liefert die Iowa Studie allerdings eindeutigere Ergebnisse, weil hier die Atmosphäre in unterschiedlich geführten Gruppen einem direkten Vergleich unterworfen wurde.

---

[62] vgl. Steinle, Claus: Führungsstil, in Gaugler, Eduard / Weber, Wolfgang (Hrsg.): Handwörterbuch des Personalwesens, 2. Aufl., Stuttgart 1992, Sp. 971
[63] Staehle, Wolfgang H.: Management, 8. Aufl., München 1999, S. 340
[64] von Rosenstiel, Lutz: Betriebsklima geht jeden an, 4. Aufl., München 1992, S. 24

Dazu wurden in den Jahren 1938 bis 1940 an der Child Welfare Research Station der Iowa University Elementary School Experimente mit zehn- bis elfjährigen Schülern durchgeführt. Dabei teilte man die Schüler in Gruppen ein und unterstellte sie einem erwachsenen Gruppenleiter. Weiterhin wurde ein spezielles Rotationsverfahren festgelegt, so dass jede Gruppe sowohl einem autoritär führenden Gruppenleiter als auch einem nach demokratischen Prinzipien führenden Gruppenleiter ausgesetzt war.

Die Ergebnisse der Verhaltensweisen der Schüler zeigten sich wie folgt:

| autoritär geführte Gruppe | demokratisch geführte Gruppe |
|---|---|
| hohe Spannung, Ausdruck von Feindseligkeiten | entspannte, freundschaftliche Atmosphäre |
| unterwürfiges, gehorsames Gruppenverhalten | höhere Kohäsion, geringere Austritte |
|  | höheres Interesse an der Aufgabe |
| höhere Arbeitsintensität | hohe Originalität der Arbeitsergebnisse |
| Arbeitsunterbrechung bei Abwesenheit des Führers | Weiterarbeit auch bei Abwesenheit des Führers |

Abb. 11: Ergebnisse der Iowa-Studien[65]

Obwohl die Ergebnisse der Iowa-Studien nur den Zusammenhang zwischen Führungsstil und Verhaltensweise, jedoch nicht zwischen Führungsstil und Leistung zeigen, kann eine deutliche Abhängigkeit von Führungsverhalten und Stimmung in den jeweiligen Gruppen beobachtet werden.

---

[65] vgl. Staehle, Wolfgang H.: Management, 8. Aufl., München 1999, S. 340

Dabei zeigt sich in der autoritär geführten Gruppe auf Grund der erhöhten Arbeitsintensität zwar ein quantitativ besseres Ergebnis als in der demokratisch geführten Gruppe, unter qualitativen Aspekten liefert jedoch letztere eindeutig bessere Ergebnisse, da die ausgeführten Arbeiten mit hohem Interesse der Gruppenmitglieder und daraus resultierenden originellen Arbeitsergebnissen einhergehen.

Weiterhin fällt auf, dass in den demokratisch geführten Einheiten eine gute, ja sogar freundschaftliche Atmosphäre herrscht, während in den autoritär geführten Gruppen hohe Spannungen und sogar Feindseligkeiten auftreten.

Bezieht man diese Ergebnisse auf die in Betrieben angewandten Führungsstile, wird erkennbar, dass sich mit zunehmender Partizipation der Unterstellten ein besseres Betriebsklima einstellt. Integrative, kollegiale Führungsstile, bewirken also eine bessere Atmosphäre als autoritär, delegative Varianten.[66]

---

[66] Damit soll verdeutlicht werden, dass Betriebssport nur **eine** wichtige Determinante (vgl. hierzu die folgenden Kapitel) für ein gutes Betriebsklima darstellt.

# 3 Die Auswirkungen von Sport auf den Menschen

Sport hat sowohl physische als auch psychische Auswirkungen auf den Menschen, die im Folgenden erläutert werden. Dabei wird insbesondere darauf eingegangen wie vorteilhaft sportliche Aktivitäten sich auf die Arbeitssituation und damit auch auf das Betriebsklima in Unternehmen auswirken können.

---

**Körperfitness – 15 Vorteile für den Job:**

- Sie fühlen sich ausgeruhter, die Arbeit macht mehr Spaß.
- Sie sind belastbarer und können besser mit Stress umgehen.
- Sie sind dynamischer und kreativer.
- Sie sehen besser aus, wirken jünger (besseres Image).
- Sie strahlen mehr Energie aus.
- Sie gewinnen Selbstvertrauen.
- Sie werden geduldiger.
- Sie werden kontaktfreudiger.
- Sie werden seltener krank.
- Sie sind weniger anfällig für typische Büroleiden (z. B. Rücken- und Kopfschmerzen).
- Sie trauen sich mehr zu.
- Sie übernehmen lieber Verantwortung.
- Sie treffen leichter Entscheidungen.
- Sie werden als Kollege mehr geschätzt, weil sich

  mit ihrem Wohlbefinden auch ihre Laune bessert.

- Sie werden ausgeglichen und gelassener.

---

**Abb. 12:** Körperfitness - 15 Vorteile für den Job[67]

---

[67] vgl. Decker, Franz/Decker, Albert: Gesundheit im Betrieb, Leonberg 2001, S. 226

## 3.1 Physische Auswirkungen

Ein wichtiger Gesichtspunkt bei der Frage wie sich Sport auf den menschlichen Körper auswirkt, ist der gesundheitliche Aspekt. Das Chemieunternehmen DuPont hat über sechs Jahre lang die Fehlzeiten von Mitarbeitern beobachtet, die Betriebssport treiben, und festgestellt, das sich die krankheitsbedingten Fehltage bei diesen Mitarbeitern in den sechs Jahren um 45,5% reduziert haben.[68] Der gesundheitliche Nutzen von Sport (hier insbesondere des Betriebssports) ist demnach unverkennbar.

Trotz gegenwärtiger Fitnesswelle und weit verbreitetem Jugendkult ist ein Großteil unserer Bevölkerung jedoch in schlechter körperlicher Verfassung.[69] Im Hinblick auf die Auswirkungen von Sport soll deshalb zunächst dargestellt werden, wie man körperlich von regelmäßigem Sport profitieren kann.

### 3.1.1    Kräftigung des Bewegungsapparates

Der Bewegungsapparat des Menschen besteht im Wesentlichen aus drei verschiedenen Systemen:

- dem Willkürnervensystem, das die Bewegungen über Reize steuert,
- der Muskulatur, die die Bewegungen ausführt und
- dem Skelettsystem (Knochen, Gelenke, Bänder), das dem Körper die notwendige Stabilität für das Zusammenspiel von Muskeln und Nerven bietet.[70]

---

[68] vgl. ebenda, S. 21
[69] Laut einer Studie der Universität Karlsruhe treibt nur jeder zehnte Erwachsene von 35 bis 60 Jahren zwei Stunden Sport pro Woche. In der Gruppe der über 50-Jährigen nicht einmal jeder zwanzigste.
   vgl. Riehle, Frank/Scharnagl, Hermann: Lifepower für Manager, München 2002, S. 93
[70] vgl. Ambros, Eva/ Andreas, Adriane/Birk, Doris u.a.: Gesundheit, 5. Aufl., München 2002, S. 420f.

Um das Skelettsystem zu stabilisieren und die notwendige Beweglichkeit zu gewährleisten ist eine gut ausgebildete Muskulatur notwendig. Dies wird heutzutage nicht mehr durch ausreichende körperliche Arbeit erreicht, sondern muss anderweitig durch gezieltes Training erfolgen. Muskeltraining erhöht sowohl Kraft als auch Fitness, was eine Steigerung der allgemeinen Leistungsfähigkeit zur Folge hat.[71]

Das bedeutet, ein trainierter Mensch ist nicht nur sportlich leistungsfähiger als ein untrainierter, sondern kann auch im Arbeitsalltag stärker belastet werden.

Für die Unternehmen gewinnt Betriebssport deshalb zusätzlich an Bedeutung, weil Muskel- und Skeletterkrankungen ca. 30% aller Arbeitsunfähigkeitstage ausmachen.[72] Die Folgen einer geschwächten Muskulatur sind sehr weitreichend und werden oftmals unterschätzt. Zunächst treten nur Rückenschmerzen, Verspannungen oder Gelenkprobleme auf, die sich ohne Behandlung jedoch zu Fehlhaltungen, Bandscheibenschäden, Arthrose (Verschleiß der Gelenke) und sogar zur Osteoporose (Knochenschwund) entwickeln können.[73] Die beste vorbeugende Maßnahme ist daher regelmäßig praktizierter Gesundheitssport[74].

Weiterhin kann mit Hilfe einer kräftigen Muskulatur das Verletzungsrisiko reduziert werden, wodurch es seltener zu Arbeitsunfällen kommt.[75]

---

[71] vgl. Bloss, Hans A.: Topfit durch Bewegung, München 1994, S. 32

[72] vgl. Decker, Franz/Decker, Albert: Gesundheit im Betrieb, Leonberg 2001, S. 225

[73] vgl. Riehle, Frank/Scharnagl, Hermann: Lifepower für Manager, München 2002, S. 101

[74] Ziel des Gesundheitssportes ist die Erhaltung der Gesundheit durch die Kombination von Bewegung, richtiger Ernährung und sinnvoller Entspannung.

[75] vgl. Bloss, Hans A.: Topfit durch Bewegung, München 1994, S. 32

## 3.1.2    Vermeidung von Zivilisationskrankheiten

Als Zivilisationskrankheiten werden Erkrankungen bezeichnet, die aufgrund der Lebensgewohnheiten in einer Wohlfühlgesellschaft entstehen. Übergewicht, bzw. Fettleibigkeit und als Folge davon Stoffwechselstörungen, Gelenkerkrankungen, Haltungsschäden, Kreislauferkrankungen und Bluthochdruck sind deshalb häufige Krankheiten unserer Gesellschaft.[76]

Die Ursache dieser Erkrankungen ist sowohl eine falsche Ernährungsweise, als auch Bewegungsmangel. In einer Wohlfühlgesellschaft verbringt der Mensch die meiste Zeit seines Lebens im Sitzen, zum Beispiel im Auto, am Schreibtisch, vor dem Fernseher, etc.

Dadurch wird die Muskulatur des Bewegungsapparates geschwächt, wodurch ihre schützende und verletzungsvorbeugende Wirkung verloren geht. Folge davon sind Schäden am Bewegungsapparat und an der Wirbelsäule.[77]

Deshalb können durch regelmäßiges Muskeltraining nicht nur Haltungsschwächen oder Kreuzschmerzen beseitigt werden, sondern auch Bandscheibenbeschwerden und andere Langzeitschäden der Wirbelsäule gelindert werden.[78] Diese Erkenntnisse nutzen viele Unternehmen im Rahmen ihrer betrieblichen Gesundheitsförderung. Neben den Kursen vieler Krankenkassen werden auch zunehmend so genannte „Regenerationspausen am Arbeitsplatz" durchgeführt, um mentale und körperliche Belastungen der Mitarbeiter zu reduzieren und die Kosten für das Unternehmen durch geringere Fehlzeiten zu senken.[79]

---

[76] vgl. Fixx, James F.: Das komplette Buch vom Laufen, 19. Aufl., Frankfurt am Main 2000, S. 27

[77] vgl. Bloss, Hans A.: Topfit durch Bewegung, München 1994, S. 32

[78] vgl. ebenda, S. 32

[79] Die Durchführung von Regenerationspausen am Arbeitsplatz bietet zum Beispiel das HelfRecht Unternehmenszentrum im Rahmen seiner Planungsmethoden für Unternehmen an. Durch verschiedene Entspannungs- und Gymnastik-Übungen soll das Wohlbefinden der Mitarbeiter verstärkt, der Teamgeist gefördert und nicht zuletzt auch das Betriebsklima verbessert werden.
vgl. Sonnemann, Friederike: Pausen als Kraftquellen, in HelfRecht Methodik, I/98, S. 61f.

Doch nicht nur die Muskulatur verkümmert aufgrund mangelnder Bewegung, sondern auch das gesamte Herz-Kreislauf-System ist bei vielen Menschen geschwächt. Als Folge davon besteht ein erhöhtes Herzinfarktrisiko. Wenn man bedenkt, dass im letzten Jahr ca. 180 000[80] Menschen an einem Herzinfarkt gestorben sind, wird deutlich wie wichtig vorbeugende Maßnahmen sind.

Durch Ausdauertraining wird das Herz zu einem wesentlich leistungsfähigeren Organ als bei nicht trainierten Menschen, wobei Herz- und Pulsfrequenz als Gradmesser für die körperliche Fitness gelten. Das heißt je niedriger die Herzfrequenz eines Menschen ist, desto besser ist dessen Herz-Kreislaufsystem in Form. Der Ruhepuls eines Sportlers liegt deshalb ca. 10-20 Schläge unter dem eines Untrainierten (siehe Abb. 14: Effekt des Ausdauertrainings). Ein Sportlerherz benötigt also weiniger Schläge für die gleiche Arbeit. Durch gezieltes Ausdauertraining kann somit das Risiko eines Herzinfarktes erheblich verringert werden.[81]

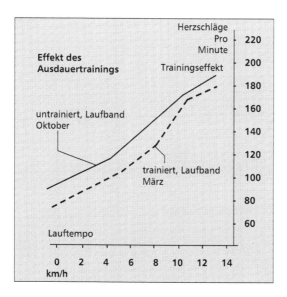

**Abb. 13:** Effekt des Ausdauertrainings[82]

---

[80] vgl. http://www.zdf.de/ZDFde/inhalt/23/0,1872,1020343,00htm (14.04.2004)

[81] vgl. Fixx, James F.: Das komplette Buch vom Laufen, 19. Aufl., Frankfurt am Main 2000, S. 328

[82] vgl. Riehle, Frank/Scharnagl, Hermann: Lifepower für Manager, München 2002, S.99

Die vorhergehende Grafik zeigt einen Fitness-Check vor und nach einem sechsmonatigen Trainingsprogramm. Es ist eindeutig, dass der trainierte Organismus dieselbe Leistung bei niedrigerem Puls bringt. Herz und Kreislauf arbeiten also ökonomischer.

Inwieweit der Sport helfen kann, diese Krankheiten zu vermeiden zeigen viele prominente Beispiele. Eines davon ist der derzeitige Bundesaußenminister Joschka Fischer. Herr Fischer verbrachte lange Arbeitstage bewegungsarm, aber stressreich am Schreibtisch und maximierte abends seine Bewegungsarmut durch weiteres Sitzen bei zahlreichen Geschäftsessen.

Weiterhin wurde sein Arbeitsalltag durch viele Dienstreisen, die er sitzend im Auto oder im Flugzeug verbrachte, geprägt. Die Folge dieses extremen Bewegungsmangels war starkes Übergewicht. Im Alter von 48 Jahren änderte Joschka Fischer deshalb seine Lebensführung, indem er sich vollwertig ernährte und zu Laufen begann. Innerhalb eines Jahres konnte er auf diese Weise sein Gewicht von 109kg auf 76kg reduzieren. Das Laufen spielte dabei für ihn eine wichtige Rolle. Sogar als er sein Wohlfühlgewicht bereits erreicht hatte, trainierte Fischer weiter, so dass er in der Lage war, einen Marathon zu absolvieren.[83]

Neben den positiven körperlichen Veränderungen schätzt auch Joschka Fischer die geistigen Auswirkungen des Sports. So ist ihm die starke meditative Erfahrung, die das Laufen vermittelt genauso wichtig wie die körperliche Fitness.[84] Das geht sogar soweit, dass er oft noch spät abends oder zwischen Flughafen und Bundestagssitzung läuft, damit „seine Batterie wieder voll ist"[85].

Wer also regelmäßig Sport treibt, lebt nicht nur gesünder, sondern ändert auch meist seine alten Lebensgewohnheiten.

---

[83] vgl. Riehle, Frank/Scharnagl, Hermann: Lifepower für Manager, München 2002, S. 78

[84] vgl. Fischer, Joschka: Mein langer Lauf zu mir selbst, 2. Aufl., Köln 1999, S. 160

[85] ebenda, S. 172

### 3.1.3 Stärkung des Immunsystems

Das menschliche Immunsystem hat die Aufgabe den Organismus vor möglicherweise gefährlichen Erregern (z. B. Bakterien oder Viren) zu schützen. Ein gesunder Körper entwickelt dabei genügend Abwehrkräfte um den alltäglichen Krankheiten Widerstand zu leisten.[86] Eine gute körpereigene Abwehr hat zur Folge, dass kleinere Krankheitserreger (z. B. ein Schnupfenvirus) sofort bekämpft werden und somit keine größeren Erkrankungen des Organismus (z. B. Virusgrippe) hervorrufen können.[87]

Eine weitere Aufgabe des Immunsystems ist der Schutz gegen bösartige Tumore auslösende Viren, weshalb eine intakte körpereigene Abwehr auch bei der Bekämpfung von Krebszellen eine große Bedeutung hat.[88] Deshalb ist es sehr wichtig, das Immunsystem aufrecht zu erhalten und zu stärken.

Auch im Hinblick auf die schlechte finanzielle Situation der Krankenkassen[89] und die damit verbundenen Sparmaßnahmen ist es wichtig, für einen gesunden und abwehrbereiten Körper zu sorgen. Dies kann mit Hilfe von richtiger Ernährung und körperlicher Aktivität erzielt werden.

Eine Studie über die Häufigkeit von Erkältungskrankheiten in Abhängigkeit von der körperlichen Aktivität zeigt, dass bei den Versuchspersonen weniger Erkältungen auftraten je aktiver sie waren.

---

[86] vgl. Benner, K. U.: Gesundheit und Medizin heute, Augsburg 2000, S. 538
[87] vgl. Golf, Franz: Unser Hausarzt, München 1986, S. 33
[88] vgl. Ambros, Eva/ Andreas, Adriane/Birk, Doris u.a.: Gesundheit, 5. Aufl., München 2002, S. 298f.
[89] Krankenkassen sind immer weniger dazu bereit, die Kosten für Behandlungen, wie zum Beispiel Massagen etc., vollständig zu übernehmen.

## Häufigkeit von Erkältungen in 12-wöchiger Beobachtungsperiode

| sehr fitte Frauen | 8% |
|---|---|
| mittlere Gruppe | 21% |
| untrainierte Kontrollgruppe | 50% |

**Abb. 14:** Häufigkeit von Erkältungen in Abhängigkeit von körperlicher Aktivität[90]

Dieses Phänomen kann so erklärt werden, dass durch körperliche Bewegung der Stoffwechsel angekurbelt und die Sauerstoffzufuhr verstärkt wird. Daneben gelten viele Sportler als abgehärtet, weil sie sich bei nahezu jedem Wetter an der frischen Luft bewegen. James F. Fixx, die amerikanische Lauflegende, beschreibt dies folgendermaßen: „Es macht einfach Freude, der Kälte, dem Wind, Schnee und dem Regen zu trotzen und auch gefährliches Terrain bequem zu bewältigen. Wenn man sich bei rauem Wetter, bei dem sich ängstlichere Gemüter an den Kamin flüchten, im Freien aufhält, verschafft einem das besondere Befriedigung."[91]

Um das Immunsystem zu stärken, ist gezieltes Ausdauertraining die beste Methode, weil es sich in der Regel über einen längeren Zeitraum erstreckt und einen dauerhaften Trainingseffekt für Herz und Kreislauf bewirkt.

Andauernde Fitness kann also nur erreicht werden, wenn „man sich regelmäßig durch körperliche Aktivität sowohl der Intensität als auch der Dauer nach stark belastet"[92] Dabei ist die Dosis von entscheidender Bedeutung.

---

[90] vgl. http://www.gmuender.org/si/sld006.htm (22.05.2004)
[91] Fixx, James F.: Das komplette Buch vom Laufen, 19. Aufl., Frankfurt am Main 2000, S. 186
[92] ebenda, S. 67

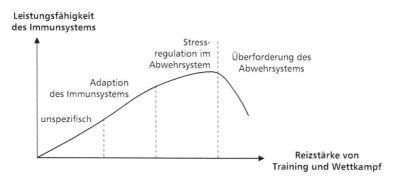

**Abb. 15:** Abhängigkeit von Trainingsintensität und Leistungsfähigkeit des Immunsystems[93]

So kommt es bei einer geringen körperlichen Auslastung zu keiner erkennbaren Stabilisierung des Immunsystems. Erst bei mittlerer bis starker Trainingsintensität passt sich das Immunsystem den körperlichen Reizen an und es erfolgt eine Stressregulation[94] im Abwehrsystem.

Sind die Belastungen für den Organismus jedoch zu hoch wirkt sich das Training hemmend auf das Immunsystem aus. Man spricht vom so genannten Übertraining, weil durch den überhöhten Trainingsumfang die Regenerationsfähigkeit in den Erholungsphasen nicht mehr gegeben ist und es folglich zu Überlastungsschäden (nicht nur des Immunsystems) kommen kann.[95]

Wo die Grenzen der maximalen Belastung liegen ist von Mensch zu Mensch unterschiedlich, da jeder Organismus anders reagiert.

---

[93] vgl. http://www.gmuender.org/si/sld043.htm (22.05.2004)
[94] Der Wechsel zwischen Belastung und Entspannung wirkt ausgleichend und macht den Körper widerstandsfähig gegen Stress. vgl. Ambros, Eva/ Andreas, Adriane/Birk, Doris u.a.: Gesundheit, 5. Aufl., München 2002, S. 25
[95] vgl. Riehle, Frank/Scharnagl, Hermann: Lifepower für Manager, München 2002, S. 200

Wegen dieser förderlichen Wirkungen auf das Abwehrsystem des menschlichen Organismus kann Sport auch Teil einer Therapie zur Behandlung von Immunkrankheiten (z. B. bei HIV-Infektionen oder AIDS-Patienten) oder Krebs sein.[96] Inwieweit dadurch die Heilungschancen erhöht werden können ist derzeit allerdings noch nicht bekannt.

Dass jedoch Sport zu außerordentlichen Leistungen und enormer Willenskraft verhelfen kann, zeigt das Beispiel des an AIDS erkrankten Amerikaners Jim Howley. Howley war zwölf Jahre lang HIV positiv und litt seit sechs Jahren an AIDS als er 1996 den Ironman auf Hawaii[97] in einer Zeit von 14:47:22 absolvierte (1997 verbesserte er diese Zeit sogar noch auf 13:14:55).

Sein Immunsystem war dabei bereits so zerstört, dass er beinahe über keinerlei körpereigene Abwehrkräfte mehr verfügte. „Most people would expect him to be dead by now."[98] Dass Jim Howley diese außerordentliche Leistung trotz seines extrem schwachen Körpers erbringen konnte, ist zwar hauptsächlich auf seine ungeheure Willensstärke und Lebensfreude zurückzuführen, jedoch hat sicherlich auch der Sport selbst viel dazu beigetragen.

---

[96] vgl. http://www.gmuender.org/si/sld044.htm (22.05.2004)
[97] Der Ironman-Triathlon auf der Insel Hawaii gilt als einer der härtesten sportlichen Wettkämpfe der Welt und besteht aus 3,8km Schwimmen, 180km Radfahren und 42,195km Laufen.
[98] Babbit, Bob: 25 Years of the Ironman Triathlon World Championship, Oxford 2003, S. 151

## 3.2 Psychische Auswirkungen

Neben den o. g. Auswirkungen auf den Körper hat der Sport auch großen Einfluss auf die Psyche des Menschen. Inwieweit diese Auswirkungen in Zusammenhang mit dem Betriebsklima von Unternehmen stehen könnten, soll im Folgenden erläutert werden.

### 3.2.1 Erhöhung der geistigen Leistungsfähigkeit

Geistige Leistungsfähigkeit ist die Basis erfolgreichen Handelns und damit vor allem im Beruf von sehr großem Nutzen. Eine gut ausgeprägte Leistungsfähigkeit zeichnet sich unter anderem durch eine gute Konzentrationsfähigkeit, geistige Flexibilität, gute Aufnahmefähigkeit, gute Merkfähigkeit und einen klaren Kopf aus.

Die wichtigste Voraussetzung für die geistige Leistungsfähigkeit ist ein gutes Konzentrationsvermögen. Konzentration ist die Fähigkeit, sich bewusst und intensiv einer bestimmten Aufgabe oder einem bestimmten Ziel widmen zu können und dabei andere Gedanken auszuschließen. Je konzentrierter gearbeitet wird, desto leichter und schneller kann eine schwierige Aufgabe gelöst werden.[99]

Mitarbeiter, die über eine gute Konzentrationsfähigkeit verfügen, können deshalb nicht nur eine größere Arbeitsmenge erledigen, sondern sind auch in der Lage eine bessere Arbeitsqualität zu erzielen als Mitarbeiter, die mit ihren Gedanken nicht bei der Arbeit sind. Dazu ist es erforderlich, dass der Mitarbeiter selbst über einen klaren Kopf verfügt, damit er sich einzig und allein der ihm gestellten Aufgabe zuwenden kann. Wenn er andere Gedanken und Probleme im Kopf hat, wird seine Konzentrationsfähigkeit und damit auch Menge und Qualität seiner Arbeit darunter leiden.

---

[99] vgl. Riehle, Frank/Scharnagl, Hermann: Lifepower für Manager, München 2002, S. 53

Zur Steigerung der geistigen Leistungsfähigkeit kann Sport einen großen Beitrag leisten. In Folge der körperlichen Anstrengung wird nicht nur die Muskulatur besser durchblutet, sondern auch das Gehirn erfährt einen um 30% erhöhten Blutdurchfluss.[100]

Vor allem bei Ausdauersport erhöht sich die Luftmenge, die bei der Atmung umgesetzt wird, um das Zehnfache und beträgt 80 bis 100 Liter pro Minute.

Dadurch steigt auch die Sauerstoffversorgung des Körpers auf vier Liter während des Trainings gegenüber 0,3 Liter im Ruhezustand.[101] Durch die verbesserte Sauerstoffzufuhr kann das Gehirn „seine korrektiven, ausgleichenden Kräfte und Mechanismen" voll entfalten.[102]

Besonders Laufen führt zum so genannten „Denk Doping", weil hierbei gleichzeitig ein Anstieg des als „Kreativhormon" bezeichneten Wirkstoffes ACTH (Adreno-Cortico-Tropes-Hormon) zu beobachten ist.[103] Das Denken fällt folglich leichter, Ideen finden sich wie von selbst, innere Spannungen lösen sich und der Kopf wird freier. George A. Sheehan, ein amerikanischer Kardiologe und engagierter Läufer sagte einmal: „Man sollte niemals Gedanken trauen, die einem im Sitzen kommen."[104] Und auch Friedrich Nietzsche war der Meinung, dass nur die „ergangenen Gedanken"[105] von Wert seien.

Ein weiterer Effekt des Sports ist seine entspannende und beruhigende Wirkung. Aggressionen und Druck können während des Trainings abgebaut werden und das innere Gleichgewicht wird wieder hergestellt.

---

[100] vgl. ebenda, S. 97

[101] vgl. Bloss, Hans A.: Topfit durch Bewegung, München 1994, S. 51f.

[102] vgl. Fixx, James F.: Das komplette Buch vom Laufen, 19. Aufl., Frankfurt am Main 2000, S. 58

[103] vgl. Riehle, Frank/Scharnagl, Hermann: Lifepower für Manager, München 2002, S. 97

[104] Fixx, James F.: Das komplette Buch vom Laufen, 19. Aufl., Frankfurt am Main 2000, S. 280

[105] Riehle, Frank/Scharnagl, Hermann: Lifepower für Manager, München 2002, S. 97

Als Folge davon kommt es bei Sportlern kaum zu Schlafstörungen. Ihr Schlaf ist tief und erholsam, wodurch sie ausgeruhter und leistungsfähiger sind als untrainierte Menschen.[106] Auch dies wirkt sich auf die Konzentrationsfähigkeit aus, weil sich ausgeschlafene Menschen besser konzentrieren können als müde.

Folglich hat der Sport großen Einfluss auf das geistige Potenzial der Menschen, da er das Denken begünstigt und die Konzentrationsfähigkeit fördert, indem er für einen klaren Kopf und durch gesunden Schlaf für ausreichend Erholung sorgt. Es ist nun zu klären, inwieweit sich die geistige Leistungsfähigkeit von Mitarbeitern auf das Betriebsklima des Unternehmens, wo sie tätig sind, auswirkt.

Beim Empfinden des Betriebsklimas spielen soziale Beziehungen eine große Rolle.[107] Anerkennung und Lob durch den Chef und die Kollegen ist dabei für ein positives Betriebsklima sehr wichtig.[108] Da geistig leistungsfähige Mitarbeiter fähig sind, die ihnen gestellten Aufgaben in quantitativer und qualitativer Hinsicht besser zu bewältigen als weniger leistungsfähige Mitarbeiter, werden sie in aller Regel eine größere Wertschätzung ihrer Arbeit durch die Vorgesetzten erfahren. Es kommt seltener zu Ermahnungen und Tadel, weil die Vorgesetzten am Arbeitsergebnis erkennen können, dass angestrengt und konzentriert gearbeitet wird.

Dadurch verbessern sich die vertikalen Beziehungen zwischen Vorgesetzten und Mitarbeitern. Die Mitarbeiter selber haben wiederum das Gefühl, dass ihre Arbeit geschätzt und ihre Leistung anerkannt wird, was dafür sorgt, dass sie sich wohl fühlen und mit sich selbst zufrieden sind.[109]

---

[106] Schnelles Einschlafen und eine entsprechende Schlaftiefe sorgen für einen gesunden Schlaf. In Folge körperlicher Anstrengung ist der Schlaf besser, weil die Schlafphase dem Körper zur Regeneration dient. vgl. ebenda, S. 127

[107] vgl. hierzu die begriffliche Abgrenzung des Betriebsklimas in Kapitel 2 dieser Arbeit

[108] vgl. Jung, Hans: Personalwirtschaft, 4. Aufl., München 2001, S. 400f.

[109] Das Bedürfnis nach Achtung in Form von Selbstbestätigung oder Selbstachtung aufgrund eigener Leistungen und Erfolge stellt ein wichtiges Grundbedürfnis des Menschen dar. Diese Achtungsbedürfnisse werden als besonders wichtig empfunden und gelten daher als sehr handlungsmotivierend. Für die Zufriedenheit der Mitarbeiter muss deshalb nicht nur das Bedürfnis nach Anerkennung durch Dritte erfüllt sein, sondern auch das Bedürfnis nach Selbstbestätigung. vgl. Maslow, Abraham H.: Motivation und Persönlichkeit, 9. Aufl., Olten 2002, S. 200f.

Doch nicht nur das Verhältnis zu den Vorgesetzten wird durch eine gute geistige Leistungsfähigkeit beeinflusst, sondern auch die Beziehungen zu den Kollegen. So können leistungsfähige und belastbare Mitarbeiter besser mit ihren Kollegen zusammenarbeiten als wenig belastbare, überforderte Mitarbeiter. Sie sind in der Lage Arbeiten von ausgelasteten Kollegen zu übernehmen oder sich gegenseitig auszuhelfen. Teamgeist und Kollegialität werden dadurch gefördert und verstärkt, d. h. auch die horizontalen Beziehungen der Mitarbeiter untereinander verbessern sich.

Wenn also Sport, und damit auch Betriebssport, die geistige Leistungsfähigkeit von Menschen fördert und die geistige Leistungsfähigkeit von Mitarbeitern ein positives Betriebsklima begünstigt, kann ein indirekter Zusammenhang zwischen sportlichen Mitarbeitern und gutem Betriebsklima angenommen werden.

## 3.2.2 Förderung der Leistungsbereitschaft

Die Leistungsbereitschaft (Motivation) eines Menschen ist seine Bereitschaft mit Hilfe aktiven Handelns ein bestimmtes Ziel zu erreichen. Die Motive selbst sind dabei nicht nur arbeitsbedingt, sondern beruhen vor allem auf eigenen Interessen und Bedürfnissen.[110] Motivierte Mitarbeiter in einem Unternehmen verfügen über eine hohe Arbeitsbereitschaft und erzielen unter Umständen dadurch bessere Arbeitsergebnisse als weniger motivierte Mitarbeiter.[111]

Die Leistungsbereitschaft eines Menschen wird von seinen Gedanken gesteuert, wobei es darauf ankommt, welche er zulässt und welche nicht. Grundsätzlich kann angenommen werden, dass optimistische Menschen im Gegensatz zu pessimistischen nicht durch negative Gedanken blockiert sind und deshalb Herausforderungen leichter annehmen können. Optimisten sind folglich besser in der Lage schwierige Aufgaben anzugehen ohne von vornherein zu resignieren. [112]

Die Leistungsbereitschaft eines Menschen hängt jedoch nicht nur von seinem Charakter und seiner persönlichen Einstellung ab, sondern wird auch durch äußere Faktoren beeinflusst. Ein so genannter Motivationskiller, der vor allem im Berufsalltag auftritt, ist der Stress. Stress ist hierbei nach gutem (Eustress) und nach schlechtem (Distress) Stress zu unterscheiden.[113] Während richtig dosierter Stress als positive Herausforderung und damit als Leistungsanreiz angesehen werden kann, kann zuviel Stress demotivierend wirken und sogar krank machen.[114] Wo dabei die Grenzend es Übergangs von positivem zu negativem Stress liegen ist individuell verschieden.

---

[110] vgl. Hentze, Joachim: Personalwirtschaftlehre 2, 6. Aufl., Bern, 1995, S. 28
[111] vgl. Beyer, Horst-Thilo: Personallexikon, München 1990, S. 235
[112] vgl. Schwarz, Hubert: Power of Mind, Berlin 2002, S. 30
[113] ebenda, S. 68f.
[114] Ca. 60% der jährlichen Fehlzeiten in Unternehmen sind auf stressbedingte Beschwerden, wie z. B. Erschöpfung, Schlafstörungen, etc. zurückzuführen. vgl. Decker, Franz/Decker, Albert: Gesundheit im Betrieb, Leonberg 2001, S. 188f.

Um dem schädlichen Stress entgegen zu wirken ist es wichtig, sich vorbeugend dagegen abzusichern und bestehenden Stress abzubauen. Dabei sind sowohl Entspannung als auch aktive Regeneration in Form von körperlicher Betätigung entscheidend.[115]

Sport kann viel dazu beitragen, Stress abzubauen. Vor allem Ausdauersport, wie zum Beispiel Laufen ist aufgrund seiner meditativen Wirkung hierzu sehr gut geeignet. Viele Läufer berichten, dass sie nach einem anstrengenden stressreichen Tag durchaus erschöpft und müde sind und keine Lust zum Laufen verspüren. Schaffen sie es aber doch ihren „inneren Schweinehund" zu überwinden und zu Laufen, fällt nach und nach der alltägliche Stress von ihnen ab, sie entspannen sich und fühlen sich nach dem Lauf wieder frisch und ausgeruht.[116] Die Müdigkeit ist einem angenehmen Frischegefühl gewichen. Außerdem haben sie private oder berufliche Probleme hinter sich gelassen und sind wieder bereit für neue geistige Herausforderungen.[117]

Sport ist jedoch nicht nur zum Abbau von Stress geeignet, sondern hilft auch, den psychischen Belastungen, die durch Stress hervorgerufen werden können, vorzubeugen. Hubert Schwarz, Motivationstrainer und Extremradsportler[118], behauptet, dass er durch den Sport innere Ruhe gefunden hat und Stress nur noch schwer an ihn herankommt. Dadurch sei er weitaus belastbarer als früher.[119] Zwar sind es die Auswirkungen von Extremsport, über die Schwarz berichtet, jedoch lassen sich viele Aussagen über die stressabbauende und motivationsfördernde Wirkung auf den gewöhnlichen Freizeitsport übertragen. Nicht nur Marathonläufer, sondern auch normale Hobbyläufer berichten deshalb von einem Hochgefühl, wenn sie eine ungewohnte, schwierige Strecke gemeistert haben, vorher aber gar nicht damit gerechnet hatten.[120]

---

[115] vgl. Fixx, James F.: Das komplette Buch vom Laufen, 19. Aufl., Frankfurt am Main 2000, S. 49

[116] vgl. Schwarz, Hubert: Power of Mind, Berlin 2002, S. 170

[117] vgl. Fischer, Joschka: Mein langer Lauf zu mir selbst, 2. Aufl., Köln 1999, S. 85

[118] Hubert Schwarz zählt zu den erfolgreichsten Extremsportlern heutiger Zeit. 1991 absolvierte er als erster Deutscher erfolgreich das Race Across America, den härtesten Radmarathon der Welt. Diese Leistung wiederholte er 1992 und 1994. vgl. Schwarz, Hubert: Power of Mind, Berlin 2002

[119] vgl. ebenda, S. 14

[120] vgl. Riehle, Frank/Scharnagl, Hermann: Lifepower für Manager, München 2002, S. 98

Dieses Gefühl, etwas erreichen zu können was man sich eigentlich nicht zutraut, stärkt das Selbstbewusstsein und verhilft dazu, privaten und beruflichen Schwierigkeiten gelassener gegenüber zu stehen. Dies führt weiterhin zu einer Steigerung der Leistungsbereitschaft, da gestellte Aufgaben nicht als unlösbar, sondern vielmehr als Herausforderung angesehen werden.

Manchmal scheint die hohe Motivation von Sportlern kaum vorstellbar. Beim Ironman auf Hawaii 1997 lieferten sich die beiden Frauen Wendy Ingraham und Sian Welch sogar noch kurz vor der Ziellinie einen erbitterten Kampf.

Beide waren nach den Strapazen des Wettkampfes so erschöpft und am Ende ihrer Kräfte, dass sie nicht mehr aufrecht gehen konnten. Jedoch war ihre Motivation das Ziel vor der Rivalin zu erreichen so groß, dass sie auf allen Vieren kriechend die letzten Meter bis zum Ziel zurücklegten. [121]

Folglich hat der Sport großen Einfluss auf die Motivation der Menschen, da er ihr Selbstvertrauen stärkt und die Lust an Herausforderungen fördert. Deshalb sind motivierte Mitarbeiter für das Betriebsklima eines Unternehmens von großer Bedeutung. Sie haben nicht nur Freude an ihrer Arbeit, sondern tragen auch positiv zur gesamten innerbetrieblichen Stimmungslage bei. Da das Bedürfnis nach Selbstverwirklichung bei der Arbeitsmotivation eine wichtige Rolle spielt, wirken berufliche Erfolge äußerst motivierend. [122]

---

[121] vgl. Babbit, Bob: 25 Years of the Ironman Triathlon World Championship, Oxford 2003, S. 146

[122] Das Bedürfnis nach Selbstverwirklichung zeigt sich im Wunsch eigene Fähigkeiten einzusetzen und weiterzuentwickeln. vgl. Hentze, Joachim: Personalwirtschaftslehre 2, 6. Aufl., Bern, 1995, S. 33

**Abb. 16:** Bedürfnishierarchie nach Maslow[123]

Auch im Sport stellen Erfolge die größten Motivatoren[124] dar. So kann beobachtet werden, dass sowohl engagierte Sportler als auch engagierte Mitarbeiter sich nicht auf ihrem Erfolg ausruhen, sondern nach weiteren Leistungen streben.[125]

Da das Gefühl des Erfolges Sportlern aus ihrer Freizeit bekannt ist, können sie dies auf ihren beruflichen Alltag übertragen. Folglich streben sie auch dort nach Selbstverwirklichung und Anerkennung und sind somit sehr motiviert. Sind Ziele erreicht oder beruflicher Erfolg erlangt, verbessert sich ihre Laune, der Umgang mit Kollegen und Vorgesetzten wird entspannter und freundlicher und das Betriebsklima wird als angenehm empfunden.

---

[123] vgl. ebenda, S. 33
[124] Motivatoren sind motivierende, die Arbeitsbereitschaft positiv beeinflussende Faktoren und Motivationsmittel. vgl. Beyer, Horst-Thilo: Personallexikon, München 1990, S. 235
[125] Zu beobachten ist dieses Phänomen besonders bei Langstreckenläufern, die nach der Marathonstrecke eine neue Herausforderung suchen und an Ultramarathons über 80-100km teilnehmen. vgl. Fixx, James F.: Das komplette Buch vom Laufen, 19. Aufl., Frankfurt am Main 2000, S. 319

Die motivationsfördernde und stressausgleichende Wirkung des Sportes kann demnach einen positiven Einfluss auf das Betriebsklima haben, weil Sport treibende Mitarbeiter gelassener reagieren und gegen Stress resistenter sind, als Mitarbeiter die keinen körperlichen Aktivitäten nachgehen.[126]

Da insbesondere beim Betriebssport das Miteinander und das Kennen lernen unter Kollegen im Mittelpunkt steht, hat dies Auswirkungen auf das Verhältnis der Belegschaft untereinander. Man lernt sich beim Betriebssport besser kennen als im Arbeitsalltag, weil keine angespannte Atmosphäre und kein Zeitdruck bestehen. Vor allem bei Mannschaftssportarten wird außerdem der Teamgeist und Gruppenverhalten gefördert.

Überträgt sich der sportliche Zusammenhalt auf den Arbeitsalltag, könnte dies eine bessere Zusammenarbeit ermöglichen. Treten Probleme auf, könnten Hemmungen entfallen, sich an einen anderen Mitarbeiter zu wenden, wenn man diesen bereits gut aus der Betriebssportgruppe kennt. Dieser Mitarbeiter ist möglicherweise eher bereit, dem anderen weiter zu helfen, da auch er ihm durch den Sport bekannt ist. Abteilungsübergreifendes Arbeiten ist somit einfacher erreichbar. Vor allem in großen, anonymen Betrieben ist dies von Bedeutung, weil ansonsten kaum eine Chance des gegenseitigen Kennenlernens besteht.

Für das Betriebsklima könnte dies sehr positive Auswirkungen haben. Der Umgang unter Kollegen und Vorgesetzten könnte lockerer und entspannter sein, weil man sich besser kennt. Außerdem könnte Kollegialität und Teamarbeit verstärkt werden, weil sich die Gruppendynamik aus dem Sport auf die Arbeit überträgt und man eher bereit ist, sich bei Schwierigkeiten gegenseitig zu helfen und Probleme gemeinsam zu lösen.

---

[126] Es ist bewiesen, dass z. B. Ausdauerläufer im Vergleich zur Durchschnittsbevölkerung eine erhöhte Stressresistenz aufweisen. vgl. Jung, Klaus: Sportliches Langlaufen - Der erfolgreiche Weg zur Gesundheit, Puchheim 1984, S. 250f.

### 3.2.3    Steigerung des Wohlbefindens

Das Wohlbefinden eines Menschen bestimmt sich zum einen durch körperliche, zum anderen durch geistige Aspekte und ist „die Summe von allen Dingen, die uns gesünder machen"[127]. Da bereits erörtert wurde, inwiefern Sport die Gesundheit des Organismus fördert, soll im Folgenden nicht näher auf das körperliche Wohlbefinden, sondern ausschließlich auf das seelische Wohlbefinden Sport treibender Menschen eingegangen werden.

Seelisches Wohlbefinden ist keine objektivierbare Größe, da für jeden Menschen unterschiedliche Faktoren zum Wohlfühlen wichtig sind. Während viele mit Wohlbefinden Gesundheit und Glück verbinden, ist für andere Ausgeglichenheit, Ruhe oder der Einklang von Körper und Geist wesentlich. Allerdings ist seelisches Wohlbefinden kein dauerhafter Zustand, sondern muss immer wieder neu erlangt werden. Seelisches Wohlbefinden ist demnach ein dynamischer Prozess und gleichzeitig die Voraussetzung um Selbstbewusstsein und persönliche Stärke zu erreichen. [128]

Da das Wohlbefinden im Wesentlichen von den Dimensionen Ernährung, Arbeit, Ruhe, menschlicher Zuwendung und Bewegung abhängig ist, lässt es sich durch regelmäßigen Sport positiv beeinflussen. Dabei ist Ausdauersport am effektivsten, weil er das seelische Gleichgewicht begünstigt und gleichzeitig ein „starkes Gegenmittel gegen Angst, Depressionen und andere negative Stimmungen"[129] ist.

---

[127] Riehle, Frank/Scharnagl, Hermann: Lifepower für Manager, München 2002, S. 5
[128] vgl. Weber, Alexander: Seelisches Wohlbefinden durch Laufen, 3. Aufl., Oberhaching 1985, S. 7-12
[129] Fixx, James F.: Das komplette Buch vom Laufen, 19. Aufl., Frankfurt am Main 2000, S. 40f.

Dass vor allem beim regelmäßig betriebenen Laufen die Seele ins Gleichgewicht kommt, ist auf die Reaktionen des Körpers unter Belastung zurück zu führen. Die Ermüdung der Muskeln bewirkt eine Entspannung des Nervensystems.[130] Läufer berichten deshalb oft davon, dass Laufen ihnen dabei hilft, Aggressionen und Frust loszuwerden und schlechte Laune zu vertreiben.

Da sich das Wohlbefinden des einzelnen Menschen unmittelbar auf seine Umwelt überträgt, könnte es Auswirkungen auf das Betriebsklima haben, wenn sich durch das Betreiben von Sport bzw. Betriebssport das Wohlbefinden verbessert.

---

[130] vgl. Weber, Alexander: Seelisches Wohlbefinden durch Laufen, 3. Aufl., Oberhaching 1985, S. 17

# 4    Die empirische Untersuchung der Auswirkungen von Betriebssport

Im Folgenden soll die durchgeführte Untersuchung zum Thema „Die Auswirkungen von Betriebssport auf das Betriebsklima von Unternehmen" beschrieben werden. Es wird dabei sowohl auf die ausgewählte Methodik als auch auf ihre Anwendung eingegangen.

## 4.1   Aufbau und Gestaltung der Untersuchung

Dass Betriebssport einen positiven Einfluss auf das Betriebsklima eines Unternehmens hat, ist eine theoretische Annahme. Ob diese Theorie jedoch der Wahrheit entspricht, ist nicht sicher und soll deshalb im Rahmen einer empirischen Untersuchung erforscht werden.

### 4.1.1    Hypothesen

Dazu ist es erforderlich, im Vorfeld Hypothesen zu bilden, wobei unter Hypothesen gedanklich vorweggenommene Untersuchungs- ergebnisse verstanden werden.[131] Die Hypothesen stellen außer- dem eine komprimierte Form der Annahmen dar, die mit Metho- den der empirischen Sozialforschung in wissenschaftliche Aussa- gen überführt werden sollen. Es besteht also ein großer Zusam- menhang zwischen der Hypothesenbildung und der Hypothe- senprüfung. Eine wichtige Aufgabe der Hypothesen ist die Basis- menge für alle möglichen Stichproben fest zu legen. Es wird also die Grundgesamtheit definiert, aus der die Stichproben für die Überprüfung der Hypothesen entnommen werden.[132]

---

[131] zur Hypothesenbildung vgl. Opp, Karl-Dieter: Methodologie der Sozialwissen- schaften, 5. Aufl., Wiesbaden 2002, S. 32-39
[132] vgl. Friedrichs, Jürgen: Methoden empirischer Sozialforschung, 14. Aufl., Opladen 1990, S. 105

Die Grundgesamtheit kann zum Beispiel die Belegschaft einer Firma sein, aus der Befragungspersonen bewusst oder zufällig ausgewählt werden.
Weiterhin enthalten Hypothesen immer Beziehungen zwischen Variablen, wobei die Art der Beziehung sehr unterschiedlich sein kann.

| Arten von Variablenbeziehungen | |
| --- | --- |
| - deterministisch oder statistisch | *wenn X, dann immer Y* oder *wenn X, dann wahrscheinlich Y* |
| - reversibel oder irreversibel | *wenn X, dann Y; wenn Y, dann X* oder *wenn X, dann Y; wenn Y, dann nicht X* |
| - aufeinander folgend oder gleichzeitig | *wenn X, dann später Y* oder *wenn X, dann auch Y* |
| - hinreichend oder bedingt | *wenn X, dann immer Y* oder *wenn X, dann Y, aber nur wenn Z vorliegt* |
| - notwendig oder substituierbar | *wenn X, dann und nur dann Y* oder *wenn X, dann Y; aber wenn Z, dann auch Y* |

Abb. 17: Arten von Variablenbeziehungen[133]

Im Hinblick auf die physischen und psychischen Auswirkungen, die Sport auf den Menschen hat, wurden folgende Hypothesen aufgestellt:

- Wenn sich die stressabbauende Wirkung von Sport auf den Arbeitsalltag überträgt, dann sind am Betriebssport teilnehmende Mitarbeiter gelassen und belastbar.

---

[133] vgl. ebenda, S. 105

- Wenn sich die am Betriebssport teilnehmenden Mitarbeiter auf privater Ebene besser kennen lernen, verbessert dies auch das Verhältnis untereinander in der Arbeit.

- Wenn Betriebssport Teamfähigkeit und soziale Kompetenz[134] der teilnehmenden Mitarbeiter fördert, dann zeigen diese Mitarbeiter kooperatives und kollegiales Verhalten am Arbeitsplatz.

- Wenn Mitarbeiter am Betriebssport teilnehmen, fühlen sie sich in der Belegschaft integriert und arbeiten gern für das entsprechende Unternehmen.

- Wenn durch die konzentrationsfördernde Wirkung von Sport nicht nur die körperliche, sondern auch die geistige Fitness zunimmt, fühlen sich Sport treibende Mitarbeiter weniger überfordert und sehen ihre Arbeitsaufgaben eher als Herausforderung an.

- Je mehr Mitarbeiter am Betriebssport teilnehmen, umso besser ist das Betriebsklima im Unternehmen.

## 4.1.2    Gegenstand und Umfang der Untersuchung

Der Untersuchungsgegenstand dieser Arbeit ist ein möglicher Zusammenhang zwischen angebotenem Betriebssport und dem Betriebsklima in einem Unternehmen. Dabei wird vermutet, dass sich die Teilnahme am Betriebssport günstig auf das Betriebsklima eines Unternehmens auswirkt.

Untersucht wird also ein Zusammenhang zwischen zwei Variablen, die zunächst unabhängig nebeneinander stehen. Innerhalb einer empirischen Untersuchung ist es deshalb erforderlich, die zu untersuchenden Variablen nach abhängigen, unabhängigen und intervenierenden Variablen zu unterscheiden.

---

[134] Soziale Kompetenz ist ein Ausdruck für die Kooperationsbereitschaft und Kooperationsfähigkeit eines Menschen. vgl. Beyer, Horst-Thilo: Personallexikon, 1. Aufl., München 1990, S. 334-335

Die unabhängigen Variablen werden auch als Faktorvariablen bezeichnet und stellen die Bedingungen oder Einflussgrößen dar. Da in der vorliegenden Arbeit der Einfluss des Betriebssports untersucht wird, ist dieser Faktor die unabhängige Variable. Die abhängige Variable, auch Effektvariable genannt, ist folglich das Betriebsklima, welches positiv oder negativ ausgeprägt sein kann.

Da in unserem Fall generell eine Verbesserung des Betriebsklimas angenommen wird, sofern Betriebssport betrieben wird, liegen keine intervenierenden Variablen[135] vor.[136]

Um die Untersuchung überschaubar zu gestalten und weil nur ein begrenzter zeitlicher und finanzieller Rahmen zur Verfügung stand, war es nötig, Abgrenzungen vorzunehmen.

Dies geschah zunächst bei der Anzahl und Art der zu untersuchenden Unternehmen. Die Wahl fiel dabei auf mittelgroße Unternehmen aus dem Raum Oberfranken aus Gründen der räumlichen Nähe zur Hochschule, an der die Forschungsarbeit durchgeführt wurde. Es wurden Firmen ausgewählt, die für ihre Betriebssport-Gruppen (Lamilux-Aktiv) oder ihre Sportveranstaltungen (Sandler-Lauf) bekannt sind. Als Ansprechpartner wurden Personen ausgesucht, die entweder selbst aktiv am Betriebssport teilnehmen oder die den Betriebssport im betreffenden Unternehmen organisieren.

Die Anzahl der befragten Personen aus Unternehmen mit Betriebssport-Angebot wurde auf insgesamt sechs beschränkt, da die Auswertungen auf Grund der zeitlichen Vorgaben in Grenzen gehalten werden mussten und da es im Raum Oberfranken nur wenig Unternehmen mit Betriebssportangebot gibt. Zwar würde eine Ausweitung der Grundgesamtheit der befragten Personen zu einem repräsentativeren Ergebnis führen, was aber im Rahmen dieser Untersuchung nicht möglich war.

---

[135] Von intervenierenden Variablen wird gesprochen, wenn die vermutete Beziehung zwischen unabhängiger und abhängiger Variable nicht immer, sondern nur unter bestimmten Bedingungen gilt.

[136] vgl.: Friedrichs, Jürgen: Methoden empirischer Sozialforschung, 14. Aufl., Opladen 1990, S. 94

## 4.2 Messinstrumente und Auswahl der geeigneten Methode

Obwohl sich die Messung als schwierig erweist, gibt es in der Sozialforschung Verfahren, die geeignet sind, die Auswirkungen von Betriebssport auf das Betriebsklima eines Unternehmens zu erfassen. Meist handelt es sich dabei um Befragungen oder Beobachtungen, die allerdings „den zu untersuchenden Gegenstand mit sehr viel größeren Messfehlern erfassen, als dies bei den exakteren Vorgehensweisen der Techniker oder Naturwissenschaftler toleriert würde."[137]

### 4.2.1 Datenanalyse

Bei der Messung des Betriebsklimas stellt das Verfahren der Datenanalyse ein geeignetes Hilfsmittel dar, um sich ein erstes Bild von der gegenwärtigen Situation im Unternehmen zu machen. Es werden zunächst Daten des jeweiligen Betriebes über einen Zeitraum erfasst und anschließend ausgewertet. Im Zusammenhang mit der Messung des Klimas bietet es sich an, insbesondere Leistungsrestriktionen, Verbesserungsvorschläge, Weiterbildungsbereitschaft, Fehlzeiten und Fluktuationsquote näher zu betrachten.

Die Auswirkungen des Betriebssports sind mittels Datenanalyse zwar nur bedingt messbar, es können aber durchaus brauchbare Informationen aus den erhobenen Daten gewonnen werden. Zieht man die soziale Integrationsfunktion des Betriebssports in Betracht, kommt man zu dem Schluss, dass „aktive Betriebssportler weniger häufig als solche Mitarbeiter fluktuieren, die nicht Mitglied einer Betriebssportgemeinschaft sind"[138]. Konkret heißt das, dass das Betriebsklima gut ist, weil der Betriebssport eine niedrige Fluktuationsquote bewirkt. [139]

---

[137] von Rosenstiel, Lutz: Betriebsklima geht jeden an, 4. Aufl., München 1992, S. 36
[138] Müller-Seitz, Peter: Betriebssport, in Gaugler, Eduard/Weber, Wolfgang (Hrsg.): Handwörterbuch des Personalwesens, 2. Aufl., Stuttgart 1992, Sp. 642
[139] vgl. ebenda

Ähnlich kann man bei der Analyse der Fehlzeiten auf einen Zusammenhang mit der Institution Betriebssport schließen. Nicht nur die gesundheitsfördernde Wirkung des Sports, sondern auch „der durch den Sport häufig bewirkte Sekundäreffekt eines Abbaus zivilisatorischer Fehlverhaltensweisen, wie Fehl- und Überernährung, Alkohol-, Nikotin-, Pharmaka- und Drogenmissbrauch"[140] lassen den Schluß zu, dass die Fehlzeiten durch ein Sportangebot verringert werden können.

Die Qualität des Betriebsklimas ist allerdings nicht allein mit Hilfe einer Datenanalyse bestimmbar, da die gesammelten Zahlen nur quantitative Informationen liefern. Allerdings bildet dieses Zahlenmaterial die Grundlage für genauere Nachforschungen. Sind beispielsweise die Fehlzeiten in einem Betrieb gegenüber einem vergleichbaren früheren Zeitraum angestiegen, kann dies verschiedene Gründe haben und muss nicht unbedingt das Problem des Absentismus[141] bedeuten. Es gilt nun also, mit Hilfe weiterer Methoden qualitative Informationen zu beschaffen.

## 4.2.2    Beobachtung

Die Methode der Beobachtung wird angewandt, um das Verhalten, das Handeln oder die sozialen Beziehungen von Menschen in bestimmten Situationen oder in einem bestimmten Milieu zu ermitteln. Sie wird dabei „vornehmlich dort praktiziert, wo es um ansonsten schwer zugängliche soziale Felder geht und/oder relatives Neuland betreten wird"[142]. Somit ist die Beobachtung gut geeignet Auswirkungen von Betriebssport auf das Betriebsklima zu erfassen.

Es gibt verschiedene Varianten der Beobachtung, die sich anhand der Stellung des Beobachters, der Beobachtungsstrategie und dem Beobachtungsumfeld unterscheiden lassen.

---

[140] ebenda
[141] Unter Absentismus wird ein Fernbleiben vom Arbeitsplatz verstanden, das nicht krankheitsbedingt ist. Das heißt bestimmte Arbeitnehmer erbringen nicht ihre Soll-Arbeitszeit, obwohl sie dies könnten und müssten. vgl. Nieder, Peter: Absentismus, in Gaugler, Eduard / Weber, Wolfgang (Hrsg.): Handwörterbuch des Personalwesens, 2. Aufl., Stuttgart 1992, Sp. 1
[142] Lamnek, Siegfried: Qualitative Sozialforschung, Band 2: Methoden und Techniken, München 1989, S. 237

| Formen der Beobachtung | |
|---|---|
| - verdeckt/offen | Ist der Beobachter erkennbar oder nicht? |
| - nicht-teilnehmend/teil-nehmend | Nimmt der Beobachter an den Interaktionen teil oder befindet er sich außerhalb des Feldes? |
| - systematisch/unsystematisch | Erfolgt die Beobachtung systematisch nach einem standardisiertem Schema oder eher unsystematisch, dem spontanen Interesse des Beobachters folgend? |

Abb. 18: Formen der Beobachtung[143]

Obwohl die Methode der Beobachtung ein einfach anwendbares Mittel zur Informationsgewinnung darstellt, ist sie mit vielen Fehlerquellen zumeist seitens des Beobachters behaftet, weil das Ergebnis einer Beobachtung immer aus der subjektiven Wahrnehmung des Beobachters resultiert.

Damit stellt sich die Frage nach der Validität der Beobachtung: Hat der Beobachter das Geschehen richtig und vollständig wahrgenommen, bzw. hat er das Beobachtete richtig interpretiert? Wahrnehmung und Deutung von beobachteten Ereignissen hängen dabei immer von persönlichen Erfahrungen und Erlebnissen des Beobachters ab.

Zwar können so genannte Beobachterschulungen durchgeführt werden, um den Beobachter für bestimmte Situationen und Verhaltensmuster zu sensibilisieren, eine hundertprozentige Objektivität der ermittelten Informationen ist aber trotzdem nicht gegeben.

---

[143] vgl.: Friedrichs, Jürgen: Methoden empirischer Sozialforschung, 14. Aufl., Opladen 1990, S. 273

Die Methode der Beobachtung ist folglich als alleiniges Mittel zur Datengewinnung auf soziologischer Ebene nur geeignet, wenn keine anderen ergänzenden Methoden möglich sind.[144]

Zur Erfassung des Betriebsklimas im Zusammenhang mit angebotenem Betriebssport ist die teilnehmende Beobachtung jedoch als geeignetes, wenn auch nicht einziges, Messinstrument anzusehen, da diese Methode im natürlichen Milieu der Beobachteten eingesetzt wird und weil es möglich ist, das soziales Verhalten zu dem Zeitpunkt festzuhalten, zu dem dieses tatsächlich geschieht[145].

Das heißt also, die Beobachtung müsste direkt am Arbeitsplatz der zu untersuchenden Personengruppe stattfinden und über einen längeren Zeitraum angewandt werden, um Veränderungen im Verhalten durch die Teilnahme am Betriebssport feststellen zu können. Außerdem wäre es von Vorteil, wenn diese Methode von mehr als einem Beobachter durchgeführt würde, da die gewonnenen Informationen somit weniger subjektiv wären. Eine vorherige Schulung der oder des Beobachters wäre weiterhin unverzichtbar. Aus ökonomischen und zeitlichen Gründen ist eine solche Untersuchung im Rahmen dieser Arbeit aber leider nicht möglich.

Aus demselben Grund wurde das Durchführen von Fallstudien ausgeschlossen, da auch hier der Zeitbezug empirischer Ausprägungen untersucht wird.[146]

---

[144] vgl. Mayntz, Renate/Holm, Kurt/Hübner, Peter: Einführung in die Methoden der empirischen Soziologie, 5. Aufl., Opladen 1978, S. 87-90

[145] vgl. Lamnek, Siegfried: Qualitative Sozialforschung, Band 2: Methoden und Techniken, München 1989, S. 238

[146] vgl. Seidel, Michael: Existenzgründung aus der Arbeitslosigkeit, Wiesbaden 2002, S. 122

## 4.2.3      Schriftliche Befragung

Ein häufig angewandtes Forschungsinstrument zur Betriebsklima-Erfassung ist die schriftliche Befragung mit Hilfe von Fragebögen. Diese Fragebögen werden dabei meistens an die Befragungspersonen verschickt, welche den Bogen dann selbständig ohne fremde Hilfe ausfüllen und zurückschicken sollen. Angewandt wird die schriftliche Befragung dann, „wenn keine andere Methode als die der Befragung die notwendigen Informationen erbringt, aus Zeit- und Kostengründen aber Interviews nicht möglich sind"[147].

Bei der Erstellung des Fragebogens ist zu beachten, dass dieser „mit klaren Anweisungen für das Ausfüllen und mit einem zur lückenlosen Beantwortung motivierenden Vortext"[148] ausgestattet sein muss, um einen möglichst reibungslosen Ablauf und eine möglichst hohe Rücklaufquote zu gewährleisten. Die Rücklaufquote stellt dabei das größte Problem bei der schriftlichen Befragung dar, weil sie zwischen 7% und 70% schwankt und somit gegebenenfalls sehr niedrig sein kann. [149]

Ein weiterer Nachteil dieser Methode ist die Abwesenheit des Interviewers, so dass dieser bei eventuell auftretenden Schwierigkeiten nicht eingreifen und keine Verständnisfragen klären kann. Ebenso fällt aus demselben Grund die Möglichkeit für ein gezieltes Nachfragen weg, da lediglich die Fragen aus dem Fragebogen beantwortet werden. Es ist also nicht möglich, zusätzliche Aspekte zur untersuchenden Thematik zu erschließen.

Allerdings bietet die schriftliche Befragung gegenüber der mündlichen Befragung auch Vorteile. Der größte Vorteil dieser Methode liegt darin, dass der Interviewer bei der Durchführung der Befragung nicht persönlich anwesend sein muss und dadurch nur ein geringer Zeit- und Kostenaufwand entsteht.

---

[147] Friedrichs, Jürgen: Methoden empirischer Sozialforschung, 14. Aufl., Opladen 1990, S. 237

[148] Mayntz, Renate/Holm, Kurt/Hübner, Peter: Einführung in die Methoden der empirischen Soziologie, 5. Aufl., Opladen 1978, S. 104

[149] Friedrichs, Jürgen: Methoden empirischer Sozialforschung, 14. Aufl., Opladen 1990, S. 237

Weiterhin kann sich der Interviewer bei der Entwicklung des Fragebogens Zeit lassen und sich somit ausführlich mit der Auswahl und
Formulierung der jeweiligen Fragen auseinandersetzen.

Bei der Messung des Betriebsklimas stehen meist Themenfelder
wie „Zufriedenheit, Atmosphäre, Stimmung, soziale Beziehungen,
Ton des Vorgesetzten, Führungsstil usw. im Vordergrund"[150].
Deshalb ist die schriftliche Befragung für die Messung des Betriebsklimas gut geeignet, weil hierdurch jeder einzelne Mitarbeiter
befragt werden kann. Außerdem besteht die Möglichkeit,
denselben Fragebogen in verschiedenen Unternehmen einzusetzen, was eine Vergleichbarkeit der Ergebnisse zur Folge hat.[151]

Will man allerdings mögliche Auswirkungen von Betriebssport auf
das Betriebsklima erkennbar machen, ist die schriftliche Befragung
nur bedingt geeignet. Zwar kann eine große Anzahl von Personen
befragt werden und die Ergebnisse miteinander verglichen werden, der qualitative Aspekt der Aussagen kommt aber bei der
Erschließung dieser komplexen Problematik eindeutig zu kurz.

Vielmehr ist dazu das qualitative Interview als mündliche Befragung geeignet, weil hier gezieltes Nachfragen zu einzelnen speziellen Gesichtspunkten möglich ist, was eine bessere Erfassung
von Zusammenhängen gewährleistet. Diese Aussagen haben also
eine höhere Qualität, weil hier der Befragte die Möglichkeit hat,
seine eigenen Ansichten einzubringen und nicht nur Aussagen zu
einer vom Forscher selbst entwickelten Theorie macht.[152]

---

[150] Schuler, Heinz: Lehrbuch der Personalpsychologie, Göttingen 2001, S. 381
[151] vgl. hierzu den Fragebogen zur Erhebung des Betriebsklimas in von Rosenstiel,
    Lutz: Betriebsklima geht jeden an, 4. Aufl., München 1992, Anhang
[152] vgl. Lamnek, Siegfried: Qualitative Sozialforschung, Band 2: Methoden und
    Techniken, München 1989, S. 61

## 4.2.4    Das qualitative Interview

Das Interview ist die mündliche Form der Befragung und die am häufigsten angewandte Methode in der Soziologie.[153] Es kann als „planmäßiges Vorgehen mit wissenschaftlicher Zielsetzung, bei dem die Versuchsperson durch eine Reihe gezielter Fragen oder mitgeteilter Stimuli zu verbalen Informationen veranlasst werden soll"[154] verstanden werden.

Ein bedeutendes Unterscheidungskriterium für qualitative Interviews ist die Richtung des Informationsflusses. Hierbei wird zwischen ermittelnden und vermittelnden Interviews unterschieden. Bei ermittelnden Interviews fließen die Informationen einseitig vom Befragten zum Interviewer, das heißt der Befragte informiert als Träger abrufbarer Informationen. Bei vermittelnden Interviews ist der Informationsfluss umgekehrt, das heißt die Befragungsperson stellt das Ziel für die Informationen dar.

Beim qualitativen Interview kann es sich sowohl um ermittelnde als auch vermittelnde Interviews handeln, welche überwiegen.[155]

Ein weiterer Punkt, in dem sich qualitative Interviews unterscheiden, ist der Grad der Standardisierung. Beim qualitativen Interview handelt es sich größtenteils um nicht-standardisierte Interviews, weil durch die erforderliche situative Anpassung vorformulierte Fragen und deren Reihenfolge nicht vorgebbar sind, wie dies hingegen bei standardisierten Befragungen der Fall ist. Bei der offenen, nicht-standardisierten qualitativen Befragung ist in der Regel nur ein Rahmenthema vorgegeben, nicht aber die Fragen und deren Abfolge.[156]

---

[153] Friedrichs, Jürgen: Methoden empirischer Sozialforschung, 14. Aufl., Opladen 1990, S. 207

[154] Scheuch, Erwin K.: Das Interview in der Sozialforschung, in König, René (Hrsg.): Handbuch der empirischen Sozialforschung, Band 2, 3. Aufl., Stuttgart 1973, S. 70

[155] vgl. Lamnek, Siegfried: Qualitative Sozialforschung, Band 2: Methoden und Techniken, München 1989, S. 61

[156] vgl. Friedrichs, Jürgen: Methoden empirischer Sozialforschung, 14. Aufl., Opladen 1990, S. 207-209

Ein qualitatives Interview kann aber auch teil-standardisiert sein, das heißt, dass ein Leitfaden vorgegeben ist, die Reihenfolge und Formulierung der Fragen aber dem Interviewer überlassen bleiben. Das Interview mit teil-standardisierten Fragen hat folgende Vorteile: Es ermutigt den Befragten zu lebensnahen Antworten, da die Befragung „der alltäglichen Gesprächssituation"[157] angepasst ist. Weiterhin ist die Durchführung sehr flexibel und es kann während des Gespräches entschieden werden, ob auf wesentliche Aussagen näher eingegangen wird. Nachteile gegenüber dem standardisierten Interview sind die schwierigere Durchführung des Interviews, die geringere Vergleichbarkeit der Antworten und die geringere Zuverlässigkeit, sowie ein größerer Zeitaufwand.[158]

Es gibt unterschiedliche Formen des qualitativen Interviews, die im Folgenden erläutert werden.


*a) Narratives Interview*


Das narrative Interview ist eine völlig freie Form des Interviews, bei dem der Befragte Erlebnisse oder Begebenheiten aus seinem Leben erzählt. Deshalb wird es vor allem in der Biografie- und Lebenslauf-Forschung angewendet.

Hauptgegenstand dieses Interviews ist „die Erzählung der Geschichte eines Ereigniszusammenhangs, den der Interviewpartner/die Interviewpartnerin zumindest teilweise selbst erlebt hat"[159]. Es findet eine offene Gesprächsführung statt, wobei der Befragte durch den Interviewer zur Erzählung aufgefordert wird. Der Interviewstil ist weich bis neutral in einer möglichst kollegial-freundschaftlichen Vertrauensatmosphäre.

---

[157] Lamnek, Siegfried: Qualitative Sozialforschung, Band 2: Methoden und Techniken, München 1989, S. 56
[158] vgl. ebenda, S. 38-41
[159] Hopf, Christel: Qualitative Interviews in der Sozialforschung, in Flick, Uwe / von Kardoff, Ernst / von Rosenstiel, Lutz / Wolff, Stephan (Hrsg.): Handbuch qualitative Sozialforschung, 2. Aufl., Weinheim 1995, S. 183

Das heißt, der Interviewer verfolgt keinen vorgegebenen Leitfaden und verhält sich eher zurückhaltend. Die Möglichkeit bestimmte Sachverhalte näher zu hinterfragen steht ihm jedoch offen und ist durchaus erwünscht.

Eine wichtige Voraussetzung für das narrative Interview ist, dass der Befragte über die Fähigkeit verfügt, erzählen zu können. Diese Fähigkeit kann jedoch allgemein vorausgesetzt werden, auch wenn sie individuell sehr unterschiedlich ausgeprägt sein kann.[160]

## b) Problemzentriertes Interview

Eine weitere Art der mündlichen Befragung stellt das problemzentrierte Interview dar, „eine Methodenkombination bzw. –integration von qualitativem Interview, Fallanalyse, biografischer Methode, Gruppendiskussion und Inhaltsanalyse"[161]. Bei dieser Form des Interviews verfolgt der Interviewer zwar ein knappes, der thematischen Orientierung dienendes Konzept, der Befragte behält aber weiterhin die Möglichkeit frei zu erzählen.

Häufig wird diese Interview-Variante als teil-standardisiertes Interview bezeichnet, da dem problemzentrierten Interview ein standardisierter Kurzfragebogen vorausgehen kann. Die Kommunikation verläuft wie beim narrativen Interview erzählend, wobei der Interviewer zielorientierte Fragen stellt. Das heißt, er muss sich bereits im Vorfeld angemessene theoretische Vorraussetzungen über die besprochene Thematik aneignen, um den vorgegebenen Leitfaden verlassen zu können und intensiver auf eine spezielle Thematik eingehen zu können.[162]

---

[160] vgl. Lamnek, Siegfried: Qualitative Sozialforschung, Band 2: Methoden und Techniken, München 1989, S. 73
[161] vgl. Spöhring, Walther: Qualitative Sozialforschung, Stuttgart 1989, S. 177
[162] vgl. Lamnek, Siegfried: Qualitative Sozialforschung, Band 2: Methoden und Techniken, München 1989, S. 78

## c) Fokussiertes Interview

Das fokussierte Interview basiert auf den Entwicklungen zur Kommunikations- und Propagandaforschung in den vierziger Jahren. Kernpunkt dieses Interviews bildet ein vorher bestimmter Gesprächsgegenstand oder ein bestimmtes Reizthema, wie zum Beispiel ein Film oder ein Zeitungsartikel, zu dem sich die Befragten äußern sollen.

Ziel dieser ursprünglich als Gruppeninterview geführten Gesprächsform ist es, die Reaktionen des Befragten auf ein fokussiertes Objekt zu erfassen, das in diesem Reizmaterial benannt ist. [163] Dazu werden zunächst Hypothesen gebildet, die anschließend mit Hilfe der Gesprächsergebnisse überprüft werden.

Bei der Durchführung von fokussierten Interviews müssen einige Grundsätze beachtet werden. Zunächst darf der Interviewer die befragte Person nicht beeinflussen. Das heißt, die Auskunftsperson soll die für sie wichtigen Dinge erzählen und nicht Tatsachen, die der Interviewer als wichtig ansieht. Weiterhin soll der Interviewer „auf die Spezifikation und Präzisierung der Aussagen des Befragten"[164] drängen. Damit ist gemeint, dass der Befragte seine Antworten auf bestimmte Aspekte der erlebten Situation bezieht und diese interpretiert.

Ein weiterer Grundsatz bei der Durchführung von fokussierten Interviews ist die Gewährleistung, dass die gegebenen Antworten nicht oberflächlich sondern tiefgründig sind und die empfundenen Gefühle der Interviewten widerspiegeln.

Der Vorteil eines fokussierten Interviews ist „die Möglichkeit, eine sehr zurückhaltende, nicht-direktive Gesprächsführung mit dem Interesse an sehr spezifischen Informationen und der Möglichkeit zur gegenstandsbezogenen Explikation von Bedeutungen zu verbinden"[165].

---

[163] Spöhring, Walther: Qualitative Sozialforschung, Stuttgart 1989, S. 164
[164] Lamnek, Siegfried: Qualitative Sozialforschung, Band 2: Methoden und Techniken, München 1989, S. 79
[165] Hopf, Christel: Qualitative Interviews in der Sozialforschung, in: Flick, Uwe / von Kardoff, Ernst / von Rosenstiel, Lutz / Wolff, Stephan (Hrsg.): Handbuch qualitative Sozialforschung, 2. Aufl., Weinheim 1995, S. 179

## d) Tiefen- oder Intensivinterview

Interviews ohne Standardisierung und mit gering ausgeprägter Strukturierung lassen sich als Tiefen- oder Intensivinterviews bezeichnen. Folglich können alle nicht-standardisierten, offenen mündlichen Befragungen dieser Kategorie zugerechnet werden[166].

Ziel des Intensivinterviews ist es „Bedeutungsstrukturierungen zu ermitteln, die dem Befragten möglicherweise selbst nicht bewusst sind"[167]. Tiefeninterviews werden deshalb häufig vor dem Hintergrund der Psychoanalyse angewendet. Der Interviewer ist dabei nur an einen Leitfaden gebunden, wo die Erhebungspunkte und die Frageformulierungen angeführt sind.

Meist hat der Forscher bereits theoretische Vorstellungen zum Untersuchungsgegenstand, welche ihm als Basis für die Fragestellungen dienen. Dadurch kann das Tiefen- oder Intensivinterview das Prinzip der Offenheit nicht mehr einhalten, weil die Antworten vom Interviewer interpretiert werden und nicht vom Befragten selbst.

Die größte Problematik beim Intensivinterview ist die Validität der ermittelten Daten. Diese kann „am ehesten durch Antwortvergleiche, Nachfragen und Interpretationen sowie Außenkriterien (Ergebnisse anderer Methoden, Akten, Berichte Dritter) erreicht werden"[168]. Weiterhin ist die Vergleichbarkeit der Ergebnisse im Gegensatz zum standardisierten Interview sehr gering, da beim Intensivinterview individuell auf den Befragten eingegangen wird.

---

[166] vgl. Friedrichs, Jürgen: Methoden empirischer Sozialforschung, 14. Aufl., Opladen 1990, S. 224

[167] Lamnek, Siegfried: Qualitative Sozialforschung, Band 2: Methoden und Techniken, München 1989, S. 81

[168] Friedrichs, Jürgen: Methoden empirischer Sozialforschung, 14. Aufl., Opladen 1990, S. 236

Als geeignete Methode zur Messung des Betriebsklimas in Abhängigkeit des Betriebssports stellte sich die Befragung mit Hilfe
von teilstandardisierten Interviews mit narrativen Phasen heraus.[169]

Diese Form des qualitativen Interviews setzt voraus, dass sich der
Forscher bereits im Vorfeld mit der Thematik, bzw. der Problematik
des Untersuchungsgegenstandes auseinandergesetzt hat. Dies ist
der Fall, da bereits sowohl verschiedene Einflussfaktoren auf das
Betriebsklima in Kapitel 3 als auch die unterschiedlichen Auswirkungen von Sport in Kapitel 4 herausgearbeitet wurden.

Die Entscheidung zugunsten eines teilstandardisierten Interviews
fiel deshalb, weil dem Interview ein grober Leitfaden durch vorher
festgelegte Fragen vorgegeben ist, jedoch die Möglichkeit zum
gezielten Nachfragen besteht. Dadurch wird die Tiefgründigkeit
der Antworten gewährleistet, neue Aspekte können erkannt werden und der qualitative Charakter der Untersuchung tritt in den
Vordergrund.[170] Das Prinzip des freien Erzählens des Befragten
wird jedoch weiterhin eingehalten, das heißt, es bleibt ihm überlassen wie er bestimmte Wahrnehmungen und Erlebnisse interpretiert. Daraus lässt sich schließen, dass die Fragen offen gehalten
werden, was einen breiten Antwortspielraum zulässt.

Die vorher festgelegten Fragen dienen lediglich dazu, „den
Interviewten zu eigenen Ausführungen anzuregen"[171]. Diese freie
Form der Befragung war wichtig, da es noch keine Forschungs-
ergebnisse über die zu untersuchende Problematik gibt. Es konnte
also nicht auf bereits bestehende Ergebnisse zurückgegriffen
werden.

---

[169] Zur Prüfung von Beziehungen zwischen Variablen werden zwar häufig statisti-
sche Methoden als angemessener betrachtet, jedoch können mit Hilfe qualitativer
Verfahren zusätzliche Erklärungsmöglichkeiten gewonnen werden. vgl. Lamnek,
Siegfried: Qualitative Sozialforschung, Band 1: Methodologie, 3. Aufl.,
Weinheim 1995, S. 106f.

[170] vgl. Seidel, Michael: Existenzgründung aus der Arbeitslosigkeit, Wiesbaden 2002,
S. 125

[171] Friedrichs, Jürgen: Methoden empirischer Sozialforschung, 14. Aufl., Opladen
1990, S. 69

## 4.3  Entwicklung der Befragungstaktik

Bei der Entwicklung der besten Befragungstaktik sind folgende Aspekte zu beachten:

1. Wie ist die Frage zu formulieren?
2. Welche Art von Frage ist angemessen?
3. Warum wird die Frage gestellt?[172]

### 4.3.1    Frageformulierung

Wie die jeweilige Frage zu formulieren ist, richtet sich nach einem Bezugsrahmen, der dem Befragten angemessen sein muss. Bei der Sprachauswahl kann grundsätzlich davon ausgegangen werden, dass die Fragen in etwa der Sprache gefasst werden, „die der Befragte in der Unterhaltung mit einem Fremden benutzen würde"[173]. Demnach sind grammatikalisch schwierige Konstruktionen, komplizierte Satzgefüge und lange Nebensätze bei der Fragestellung zu vermeiden. [174]

Weiterhin ist der Wissenstand des Befragten zu beachten. Es darf nicht zu viel Wissen, zum Beispiel über die psychologischen Auswirkungen von Sport, vorausgesetzt werden und abstrakte Begriffe, wie zum Beispiel „geistige Fitness" müssen in gegenständliche verwandelt werden, damit sie für alle Befragten die gleiche Bedeutung haben.

---

[172] vgl. ebenda, S. 194
[173] Mayntz, Renate/Holm, Kurt/Hübner, Peter: Einführung in die Methoden der empirischen Soziologie, 5. Aufl., Opladen 1978, S. 107
[174] vgl. Scheuch, Erwin K.: Das Interview in der Sozialforschung, in König, René (Hrsg.): Handbuch der empirischen Sozialforschung, Band 2, 3. Aufl., Stuttgart 1973, S. 78

Bei der Formulierung der Fragen kann bereits die Dimension der zu erwartenden Antwort festgelegt werden, indem man dem Befragten im vornherein Informationen gibt. Dies geschah bezüglich der Frage, ob sich am Betriebsklima etwas ändern würde, wenn mehr Mitarbeiter am Betriebssport teilnehmen würden.

Da es für den Begriff des Betriebsklimas keine konkrete Definition gibt, wird dem Befragten kurz erläutert, was unter positivem oder negativem Betriebsklima verstanden wird, so dass er danach die Dimension seiner Antwort ausrichten kann.

Bei der Frageformulierung ist weiterhin zu beachten, dass die Fragen nicht unabhängig von einander betrachtet werden dürfen, sondern dass es auf die Gesamtheit der Reihenfolge ankommt. Hierbei ist davon auszugehen, dass meistens ein so genanntes „Trichter"-Verfahren angewandt wird, bei dem vom Allgemeinen zum Besonderen vorgegangen wird[175].

So wird zum Beispiel erst erfragt, welche Art von Sport vom betreffenden Unternehmen angeboten wird und von wem dieser organisiert wird, bevor Auskunft darüber verlangt wird, wie viele Teilnehmer es am Betriebssport gibt. Das Problem bei der Reihenfolge der Fragen ist allerdings der Einfluss, den unmittelbar nacheinander gestellte Fragen aufeinander haben. Dieser so genannte Ausstrahlungseffekt (halo effect) rührt daher, „dass jede Frage einen Bezugsrahmen für die folgenden Fragen setzt"[176]. Um diesen Effekt möglichst gering zu halten wurden die Fragen in Blöcke eingeteilt, so dass der Befragte weiß, dass als nächstes Fragen zu einer anderen Thematik auf ihn zu kommen.

---

[175] vgl. Friedrichs, Jürgen: Methoden empirischer Sozialforschung, 14. Aufl., Opladen 1990, S. 197
[176] Scheuch, Erwin K.: Das Interview in der Sozialforschung, in König, René (Hrsg.): Handbuch der empirischen Sozialforschung, Band 2, 3. Aufl., Stuttgart 1973, S. 91

## 4.3.2     Fragearten

Hinsichtlich der verschiedenen Fragearten lassen sich grundsätzlich offene und geschlossene Fragen unterscheiden. Offene Fragen enthalten keine Antwortvorgaben und gewähren somit einen großen Antwortspielraum. Offene Fragen werden unter anderem dann verwendet, „wenn die Information über die Einstellung von Personen zu einem gegebenen Problem gering ist"[177] und wenn nur ein geringes Vorwissen über die vom Forscher zugrunde gelegten Annahmen besteht.

Da dies bei der hier zu untersuchenden Problematik der Auswirkungen von Betriebssport auf das Betriebsklima von Unternehmen der Fall ist, wurden die vorher festgelegten Fragen als Leitfaden für das Interview weitgehend offen gehalten.

Im Gegensatz zu den offenen Fragen geben die geschlossenen Fragen dem Interviewten zwei oder mehrere Antwortmöglichkeiten vor. Bei den Fragen über die Einschätzung des Verhältnisses zu Kollegen oder Vorgesetzten wurden jeweils zwei Antwortmöglichkeiten vorgegeben, um das Verständnis der Frage zu gewährleisten. Auf diese Weise erhält man nicht nur die Antwort „gut" oder „schlecht", sondern man kann über die gegebene Antwort zum Beispiel auch auf den Führungsstil (partnerschaftlich, kollegial) schließen.

## 4.3.3     Fragebegründung

Anders als die Frageformulierung behandelt die Fragebegründung nicht den Bezugsrahmen des Befragten, sondern den Bezugsrahmen des Forschers. Es geht also darum, was der Forscher mit der von ihm gestellten Frage bezweckt. Dabei leiten sich die Fragen aus den vom Forscher entwickelten Hypothesen ab und verbinden somit die Variablen aus den Hypothesen mit den möglichen Antworten des Befragten.[178]

---

[177] Friedrichs, Jürgen: Methoden empirischer Sozialforschung, 14. Aufl., Opladen 1990, S. 199
[178] vgl. ebenda, S. 204f.

Da die durchgeführten Interviews teil-standardisiert waren, wurde zunächst ein grober Leitfaden entwickelt, der bei der Durchführung der einzelnen Befragungen verfolgt werden sollte. Es handelt sich dabei um dreizehn Fragen, die dem Befragten in Abhängigkeit seiner gegebenen Antworten gestellt wurden, wobei jederzeit die Möglichkeit zu Abweichungen oder gezieltem Nachfragen bestand.

Die dreizehn Fragen wurden in drei Blöcke (Fragen zum Betriebssport, Fragen zum Betriebsklima, Fragen zu den Auswirkungen des Betriebssports auf das Betriebsklima) aufgeteilt, was zum einen für die Auswertung der Interviews günstig war, zum anderen den Befragten einen leichten Einstieg in das Interview ermöglichte.

So wurden nach einer allgemeinen Einleitung (Erklärung warum die Befragung durchgeführt wird, Versicherung der vertraulichen Behandlung der Daten) zunächst einfache Fragen zum Betriebssport gestellt, um das Interesse der Befragungsperson für die Thematik zu wecken. Da die Interviews auf Tonband aufgezeichnet wurden, sollte mit diesen einfachen Eröffnungsfragen auch eine mögliche Befangenheit oder Antworthemmung vermieden werden und eine Überleitung zum eigentlichen Gegenstand der Befragung stattfinden.[179]

Nach den Eröffnungsfragen zum Betriebssport folgten Fragen zum Themenkomplex Betriebsklima, wobei der Schwerpunkt hierbei auf der persönlichen Empfindung des Interviewten über sein Verhältnis zu Vorgesetzten und Kollegen liegt. Dieser Fragenblock ist von großer Bedeutung, da er Schlüsse über die Qualität des Betriebsklimas zulässt und somit ein Bild über die Gesamtsituation im Unternehmen vermittelt. Auch ist es wichtig, eine Gesamtbeurteilung des Betriebsklimas abzugeben, bevor erfragt werden kann, welchen Beitrag der Betriebssport hierzu leistet.

---

[179] vgl. Mayntz, Renate/Holm, Kurt/Hübner, Peter: Einführung in die Methoden der empirischen Soziologie, 5. Aufl., Opladen 1978, S. 107

Der dritte und letzte Fragenkomplex befasst sich mit dem zentralen Untersuchungsgegenstand, nämlich den Auswirkungen des Betriebssports auf das Betriebsklima des jeweiligen Unternehmens. Somit wurde bei der durchgeführten Befragung das so genannte „Trichter"-Verfahren angewandt, weil sowohl vom Allgemeinen zum Besonderen, als auch vom weniger Wichtigen zum Wichtigen vorgegangen wurde.[180]

Damit mögliche Auswirkungen des Betriebssports auf das Betriebsklima erfasst werden konnten, wurden in Anlehnung an Kapitel 3 (Auswirkungen von Sport auf den Menschen) gezielte Fragen, zum Beispiel nach körperlicher und „geistiger" Fitness oder nach den Auswirkungen auf den Arbeitsalltag gefragt. Um dabei von den allgemeinen Wirkungen des Sports auf das Betriebsklima schließen zu können, mussten die Fragen in Zusammenhang mit Faktoren gebracht werden, die das Betriebsklima beeinflussen.

Deshalb wurde u. a. eine Frage zum Verhältnis von am Betriebssport teilnehmenden und nicht teilnehmenden Mitarbeitern gestellt. Dabei wurde davon ausgegangen, dass die Auswirkung des Betriebssports auf das Betriebsklima positiv gewertet werden kann, wenn das Verhältnis von teilnehmenden Mitarbeitern untereinander grundsätzlich besser beurteilt wird als das Verhältnis der Mitarbeiter, die nicht am Betriebssport teilnehmen.

Im Anschluss daran wurde dem/der Interviewten die Frage gestellt, ob sich am Betriebsklima etwas ändern würde, wenn mehr Mitarbeiter am Betriebssport teilnehmen würden. Diese Frage ist eine Kontrollfrage zur vorhergehenden Frage und ergänzt diese zusätzlich, da hier ein direkter Bezug zum Betriebsklima hergestellt wird. Beurteilt der Befragte in der ersten Frage das Verhältnis der teilnehmenden Mitarbeiter als kollegialer und lockerer, so müsste er in der zweiten Frage zum Ergebnis kommen, dass sich das Betriebsklima verbessern würde, wenn mehr Mitarbeiter am Sport teilnehmen würden.

---

[180] vgl. Friedrichs, Jürgen: Methoden empirischer Sozialforschung, 14. Aufl., Opladen 1990, S. 197

Um ein eindeutiges Verständnis vom Betriebsklima in Bezug auf die sozialen Beziehungen zwischen Kollegen und Mitarbeitern zu gewährleisten, wurde vor der Fragestellung eine kurze Erläuterung dazu gegeben.

Auch der Bezug zu den aufgestellten Hypothesen konnte gewährleistet werden, was man zum Beispiel an der Frage nach der Integrationswirkung des Betriebssports sehen kann. Wird diese Frage so beantwortet, dass der Befragte zum Schluss kommt, dass der Betriebssport die Zugehörigkeit zum Unternehmen fördert, ist die Hypothese erfüllt, dass sich Mitarbeiter, die am Betriebssport teilnehmen, in der Belegschaft integriert fühlen und somit gern für das entsprechende Unternehmen arbeiten. Dies hat wiederum Auswirkungen auf das Betriebsklima, weil Mitarbeiter, die gern für ihr Unternehmen arbeiten, motivierter und besser gelaunt bei der Arbeit sind, als Mitarbeiter, die ihre Arbeit lediglich als Pflicht oder Zweck zum Geldverdienen ansehen.

## 4.4 Durchführung der Untersuchung

Nachdem die entsprechende Befragungstaktik für die teilstandardisierten Interviews festgelegt wurde, fand die praktische Untersuchung in Form von Pretest und Hauptuntersuchung statt.

### 4.4.1 Der Pretest

Unter einem Pretest wird ein Vorab-Test zur Überprüfung der Gültigkeit und Verständlichkeit eines Untersuchungsinstruments verstanden.[181] Ein Pretest wird vorgenommen, um die im Rahmen einer Exploration entwickelte Konzeptualisierung und das ausgewählte Instrumentarium vor der Durchführung der Hauptuntersuchung zu überprüfen.

Dabei spielen nicht nur die Kriterien der Gültigkeit und Verständlichkeit eine Rolle, sondern auch die Praktikabilität und die Erreichbarkeit der gewünschten Zielsetzung. Weiterhin ist der Pretest auf den Interviewer selbst ausgerichtet, um einen Lerneffekt zu erzielen und um zu erkennen, ob der Interviewer möglicherweise noch geschult werden muss.[182]

Von den sechs Befragungspersonen wurde zufällig eine Person für den Pretest ausgewählt. Das Interview konnte ohne Schwierigkeiten durchgeführt werden, weil es zu keinen Verständnisproblemen kam. Dies konnte anhand der gegebenen Antworten festgestellt werden, die weitestgehend den Zielvorstellungen des Interviewers entsprachen. Außerdem kam es nicht zu Fragen seitens des Interviewten oder zu Antworten wie „Weiß nicht." oder „Kann ich nicht sagen.".

Auch der Umfang der Fragen und die Dauer des Interviews mit ca. 20 Minuten erschienen angemessen. Obwohl die Befragung während der Arbeitszeit der interviewten Person stattgefunden hatte, kam es zu keinerlei zeitlichen Problemen, sondern die Befragungsperson gab bereitwillig und ausführlich Auskunft.

---

[181] vgl. Lamnek, Siegfried: Qualitative Sozialforschung, Band 2: Methoden und Techniken, München 1989, S. 379
[182] vgl. Friedrichs, Jürgen: Methoden empirischer Sozialforschung, 14. Aufl., Opladen 1990, S. 153f.

Hinsichtlich des ausgewählten Mediums (Tonband) zur Aufzeichnung des Interviews bestand anfänglich eine gewisse Befangenheit
des Befragten, die sich aber nach den ersten Eröffnungsfragen
schnell legte und im Laufe des Interviews fast gänzlich ver-
schwand, so dass das freie Erzählen hinreichend gegeben war.

Aufgrund des reibungslosen Ablaufes des Pretests wurde der Leitfaden mit den vorkonstruierten Fragen für die folgenden Interviews beibehalten. Es wurde allerdings noch eine Änderung bei der
letzten Frage bezüglich des Betriebsklima-Begriffes vorgenommen,
um die gleiche Verständlichkeit dieses Abstraktums bei allen Befragungspersonen gewährleisten zu können.

## 4.4.2    Die Hauptuntersuchung

Nachdem der Pretest problemlos verlaufen war und am Leitfaden
für die Befragungen kleine Veränderungen vorgenommen worden
waren, fand die eigentliche Hauptuntersuchung im Mai und im
Juni 2004 statt. Dazu wurden die restlichen fünf Kontaktpersonen
aus den Unternehmen mit Betriebssport innerhalb eines sechs-
wöchigen Zeitraums befragt.

Die Interviews fanden bis auf eine Ausnahme am Arbeitsplatz der
Auskunftspersonen statt, da dies eine Umgebung ist, die dem
Befragten vertraut ist. Somit konnte vermieden werden, dass eine
der Befragungsperson unangenehme oder fremde Situation ent-
stand.[183] Ein Interview wurde aufgrund zeitlicher und organisato-
rischer Probleme in der Fachhochschule Hof geführt, was für den
Interviewten jedoch kein Problem darstellte, da dieser selbst ein
Absolvent der Fachhochschule Hof ist.

---

[183] vgl. Lamnek, Siegfried: Qualitative Sozialforschung, Band 2: Methoden und
Techniken, München 1989, S. 94

Alle Interviews wurden auf Tonband aufgezeichnet, um die gewonnenen Daten zu erfassen und eine Basis für die Auswertung zu
schaffen. Eine genaue Aufzeichnung der Daten ist auch wichtig,
damit der Forscher die Möglichkeit hat, darauf zurück zu greifen,
da er nicht alle Informationen vollständig im Gedächtnis behalten
kann.[184]

Die Aufzeichnung erfolgte mit Hilfe des Tonbandgerätes, da dieses
kostengünstig und technisch einfach zu bedienen ist. Außerdem
ist die Befangenheit der Befragungspersonen bei einer Aufzeichnung mit einer Videokamera vergleichsweise höher, da neben der
akustischen Aufzeichnung noch eine visuelle Erfassung vorgenommen wird. Weiterhin ist die Aufnahme des Gespräches mit einem
Tonband unproblematischer als mit einer Kamera, da das Gerät
selbst kleiner und unauffälliger als eine Kamera mit Stativ ist.[185] Die
Aufzeichnung wird daher durch das Tonbandgerät weniger gestört
und beeinflusst.

---

[184] vgl. ebenda, S. 94
[185] Je weniger die Aufzeichnungsgeräte beim Gespräch auffallen, desto eher tritt
das Gefühl einer Alltagssituation auf, was sich förderlich auf Informationsfluss
und Datenerhebung auswirkt. vgl. ebenda, S.96

## 4.5  Auswertung und Ergebnisse

Nachdem alle sechs Interviews (einschließlich des Pretests) durchgeführt worden waren, konnte eine Auswertung der gewonnenen
Informationen erfolgen. Die Vorgehensweise bei der Auswertung,
sowie eine Dokumentation der wichtigsten Ergebnisse werden
anschließend beschrieben.

### 4.5.1 Vorgehensweise bei der Auswertung

Für die Auswertung qualitativer Interviews gibt es zahlreiche Mög-
lichkeiten, auf die hier jedoch nicht näher eingegangen werden
soll. Die Auswertung erfolgte in Anlehnung an ein allgemeines
Handlungsschema und kann in vier Phasen eingeteilt werden:[186]

Die erste Phase der Auswertung ist die Transkription. Um eine
Grundlage für die weiteren Schritte der Auswertung zu haben,
wurden die auf Tonband aufgezeichneten Interviews in die schriftliche Form übertragen.[187] Die Aufzeichnungen wurden dafür noch-
mals abgehört und dabei vollständig abgetippt. Eine möglichst
wortgetreue Wiedergabe der Antworten konnte somit gewährleistet werden, obwohl sich dies aufgrund des gesprochenen
oberfränkischen Dialektes der Befragungspersonen[188] als nicht einfach gestaltete.

Neben den Fragen und Antworten wurden Anmerkungen über
besonders hervorzuhebende Handlungen der Auskunftspersonen,
wie z. B. längere Pausen, Lachen, etc. in das Transkript aufgenom-
men, da auch diese unter Umständen wertvoll für die Interpre-
tation sein können.

---

[186] vgl. Lamnek, Siegfried: Qualitative Sozialforschung, Band 2: Methoden und
Techniken, München 1989, S. 104-106
[187] Die vollständigen Interviews sind im Anhang dieser Arbeit zu finden.
[188] Sämtliche Interviews fanden mit Personen aus Firmen im Raum Hochfranken
statt.

Weiterhin wurden die Informationen anonymisiert, indem Nennungen des Firmennamens oder der jeweiligen Betriebssportgruppe durch das Kürzel XXX ersetzt wurden. Auf diese Weise waren keine Rückschlüsse auf die entsprechenden Firmen möglich. Eine Anonymisierung wurde vorgenommen, weil es nicht relevant ist, aus welcher Firma die Informationen stammen, um Auswirkungen des Betriebssports auf das Betriebsklima des jeweiligen Unternehmens zu untersuchen. Außerdem ist es im Interesse der Firmen keine internen Daten zu veröffentlichen.

In der nächsten Phase der Einzelanalyse[189] sind die Transkripte der einzelnen Interviews zu untersuchen und anschließend zu kürzen und auf das Wichtigste zu konzentrieren. Unwichtiges und Nebensächliches wird aus den einzelnen Texten entfernt, dafür Wichtiges besonders hervorgehoben. Die prägnantesten Aussagen eines jeden Interviews werden gesondert notiert und vom Forscher kommentiert, so dass die Besonderheiten und der Charakter des Interviews erkennbar sind. Dadurch erfolgt bereits eine erste Wertung und Beurteilung durch den Forscher.

Die dritte Phase der generalisierenden Analyse dient dazu, allgemeine Aussagen über den Rahmen der einzelnen Interviews hinaus treffen zu können. Dazu wird nach ähnlichen Aussagen und Gemeinsamkeiten in den verschiedenen Interviews gesucht, aber auch die Unterschiede werden herausgearbeitet. In dieser Phase der Auswertung werden somit typische Erscheinungen oder allgemein annehmbare Tendenzen als Ergebnisse deutlich.

In der Kontrollphase werden die Ergebnisse letztendlich auf Fehlinterpretationen überprüft, da das Material im Laufe der Auswertung immer weiter konzentriert wurde (reduktive Analyse). Ein Vergleich mit den ursprünglichen Transkripten oder den Tonbandaufzeichnungen ist daher unverzichtbar, um mögliche Fehlerquellen auszuschließen.

---

[189] Die Einzelanalyse erfolgte mit Hilfe einer Excel-Tabelle, weil dadurch die einzelnen Interviews direkt miteinander verglichen werden konnten. Die Vergleichbarkeit wurde durch den vorher festgelegten Leitfaden erleichtert.

## 4.5.2 Darstellung der wichtigsten Ergebnisse

Im Folgenden sind zunächst die Ergebnisse der einzelnen Fragen-komplexe gesondert dargestellt. Anschließend folgt eine Zusam-menfassung der wichtigsten Erkenntnisse aus der Untersuchung.


*a) Fragen zum Betriebssport*


Zuerst wurde der Fragenkomplex zum Sportangebot der verschie-denen Firmen verglichen und ausgewertet. Dabei ergab sich, dass die Sportarten, die am häufigsten betrieben werden, Laufen und Fußball sind, wobei die Teilnehmerzahl zwischen 5-10 beim Laufen und zwischen 10 bis 20 beim Fußball liegt.

Auf die Frage ob das Sportangebot gut angenommen wird, wurde nur in einem Fall eine konkrete Aussage gemacht.[190] Dabei wurde beobachtet, dass das Angebot anfangs gut bei den Mitarbeitern ankam, mit der Zeit jedoch die Teilnehmerzahlen gesunken sind. Dies ist aber laut Aussage des Befragten weniger auf die Unlust der Mitarbeiter zurückzuführen, sondern vielmehr auf das hohe Alter und das damit verbundene erhöhte Verletzungsrisiko der teilnehmenden Personen.

Auffällig war in diesem Themenbereich, dass fast alle Firmen ihren Mitarbeitern weitere Maßnahmen betrieblicher Gesundheitsförde-rungen anbieten. So haben vier von sechs befragten Unternehmen an Programmen der AOK teilgenommen, wobei die Rückenschule das beliebteste Projekt ist.

Es konnte außerdem beobachtet werden, dass das Angebot be-trieblicher Gesundheitsförderung bei Unternehmen, wo der Be-triebssport als wichtig gilt, ebenfalls sehr umfangreich ist. Das ist zum Beispiel in Interview 2 erkennbar, weil dieses Unternehmen den Betriebssport sehr ernst nimmt, da es seinen Mitarbeitern unterschiedliche Laufgruppen mit speziellen Trainingsprogrammen anbietet.

---

[190] vgl. Interview 6.

Zusätzlich werden mehrmals jährlich andere gesundheitsfördernde Maßnahmen durchgeführt, wobei das Gesundheitsmanagement ein Bestandteil der Unternehmensphilosophie ist.

Daraus kann man schließen, dass der gesundheitliche Aspekt beim Betriebssport eindeutig im Vordergrund steht.

*b) Fragen zum Betriebsklima*

Um die Auswirkungen des Betriebssports auf das Betriebsklima zu untersuchen, war es zunächst erforderlich, eine kurze Einschätzung des Klimas unabhängig vom Betriebssport vorzunehmen.

Es wurde dabei festgestellt, dass sowohl das Verhältnis zu den Vorgesetzten als auch das Verhältnis zu den Arbeitskollegen von allen befragten Personen bis auf wenige Ausnahmen als sehr partnerschaftlich und kollegial eingeschätzt wird. In diesem Zusammenhang wurden Begriffe wie „großer Zusammenhalt" (O-Ton Interview 1) oder „Team-Gedanke" (O-Ton Interview 3) von den Befragten verwendet, was verdeutlicht, dass die sozialen Beziehungen in diesen Unternehmen vorwiegend als positiv empfunden werden.

Auch bei der Frage nach dem Informationsfluss gab keiner der Befragten an, schlecht über wichtige Dinge informiert zu sein. Die Weitergabe von Informationen wird dabei überwiegend als mittelmäßig eingeschätzt, jedoch nicht auf absichtliches Verschweigen zurückgeführt, sondern vielmehr auf menschliches Versagen (z. B. Vertauschen der Namenskürzel, Vergessen).

Auffällig war auch, dass alle Befragungspersonen mit ihrer Arbeit zufrieden waren und sich keiner in seiner Situation über- oder unterfordert fühlt. Es wurde zwar angegeben, dass die Arbeit oft unter großem Zeitdruck erledigt werden muss, was jedoch nicht als Schikane seitens der Vorgesetzten aufgefasst wird, sondern eher auf wirtschaftliche oder branchenbedingte Probleme zurückgeführt wird.[191]

---

[191] vgl. Interview 1 und 4

Es wurde zwar keine umfangreiche Erfassung des Betriebsklimas in den jeweiligen Firmen vorgenommen, aufgrund der nahezu gleichen eindeutigen Aussagen aller sechs Interviewpartner kann aber angenommen werden, dass in allen untersuchten Unternehmen grundsätzlich ein gutes Betriebsklima vorzufinden ist. Von einem Befragten wird das „gute Arbeitsklima" (O-Ton Interview 5) sogar mehrmals direkt angesprochen.

*c) Fragen zu den Auswirkungen des Betriebssports auf das Betriebsklima*

Alle Befragungspersonen nehmen regelmäßig am Betriebssport ihres Unternehmens teil und wurden deshalb für die Befragung ausgewählt. Als Grund für die Teilnahme am Betriebssport wurde meistens angegeben, dass auch privat Sport getrieben wird und man daher bereit ist, mitzumachen. Aber auch der Spaß an der Bewegung und das gegenseitige Kennenlernen sind Gründe für die Teilnahme.

Weil das Verhältnis zu Kollegen und Vorgesetzten beim Empfinden des Betriebsklimas eine sehr große Rolle spielt, wurde gefragt wie sich der Sport auf das Verhältnis zu teilnehmenden und nicht teilnehmenden Mitarbeitern auswirkt. Fast alle Befragungspersonen gaben an, ihre Kollegen durch den Betriebssport besser kennen zu lernen und daher ein persönlicheres Verhältnis[192] zu ihnen zu haben als zu den nicht-teilnehmenden Mitarbeitern. Die dadurch entstandene Akzeptanz würde sich positiv bei der Bewältigung von Konflikten auswirken.

Der Unterschied im Verhältnis von teilnehmenden und nicht-teilnehmenden Mitarbeitern in Konfliktsituationen kommt in Interview 3 am deutlichsten zur Sprache: „Da kann es am Telefon oder bei Konfrontationen rauchen, weil man nicht so aufeinander eingeht, wie wenn man sich durch den Sport sowieso schon kennt." (O-Ton Interview 3)

---

[192] Eine Befragungsperson gab an, dass durch den Betriebssport sogar Freundschaften entstehen können. vgl. Interview 1.

Das Verhältnis zu den nicht-teilnehmenden Mitarbeitern wurde zwar von allen Befragten als weniger persönlich und freundschaftlich beschrieben, es wäre aber keinesfalls so, dass Mitarbeiter, die nicht der Betriebssportgruppe angehören, ausgeschlossen würden. Es kommt somit nicht zu einer Cliquenbildung der Sport treibenden Mitarbeiter innerhalb der Belegschaft.[193]

Weiterhin behaupteten zwei der Befragten, dass die Kommunikation gefördert wird, weil beim Sport Gespräche entstehen, die im Arbeitsalltag aus zeitlichen Gründen nicht stattfinden könnten. Da diese Gespräche oftmals nicht nur privater, sondern auch beruflicher Natur sind, werden beim Sport in einer ungezwungenen Atmosphäre auch Probleme diskutiert, für die im Berufsalltag keine Zeit ist. Auch dies ist förderlich für das Betriebsklima, wenn im Arbeitsalltag weniger Probleme besprochen werden müssen.

Auch bei der Frage wie sich Sport auf die Arbeit der Interviewten auswirkt, wurde deutlich, dass indirekte Zusammenhänge zum Sport bestehen. Vier der Befragten nannten spontan die stressabbauende Wirkung, die mit besserem Schlaf und gesteigerter Konzentrationsfähigkeit einhergeht.

Diese Beziehungen und die damit verbundenen Auswirkungen auf das Betriebsklima wurden vom Forscher angenommen[194] und haben sich durch die Aussagen der Interviewpartner bestätigt. Eine Befragungsperson gab zwar an, der Sport hätte keinen Einfluss auf die Arbeit, bezog dies aber eher auf die zeitlichen Auswirkungen, weil der Betriebssport außerhalb der Arbeitszeit stattfinden würde. Auf weiteres Nachfragen gab aber auch dieser Interviewpartner an, beim Sport besser „abschalten" (O-Ton Interview 6) zu können.

---

[193] Vielmehr könnte seitens der Nicht-Sportler eine gewisse Bewunderung für die Betriebssportler beobachtet werden, die sie motivieren könnte ebenfalls beim Sport mitzumachen. vgl. Interview 1und 2
[194] vgl. hierzu Kapitel 3.2 über die psychischen Auswirkungen des Sportes

Bei der Frage nach der körperlichen und geistigen Fitness zeigte sich die einhellige Meinung unter den Interviewten, dass der Sport neben seiner gesundheitsfördernden Wirkung für sie einen Ausgleich zum Berufsalltag bieten würde, weil „der Sport an sich das Ventil zum beruflichen Alltag ist, wo man den Dampf dann ablässt" (O-Ton Interview 4). Am zweithäufigsten wurde die entspannende Wirkung des Sports in körperlicher und geistiger Hinsicht genannt, wobei in diesem Zusammenhang auch die stressabbauende und –vorbeugende Wirkung körperlicher Betätigung mehrmals zur Sprache kam.[195]

Überraschend war die Aussage, dass engagierte Sportler auch engagierte Mitarbeiter seien und sogar eine höhere Motivation aufweisen würden, als Nicht-Sportler.[196] Die Befragungsperson begründet dies damit, dass bei Sportlern kein Gleichgültigkeitsgefühl existieren könnte, weil diese wie auch beim Sport versuchen würden stets vorwärts zu kommen. Außerdem könnten Sportler Rückschläge leichter wegstecken, was sich förderlich auf ihre Motivation auswirken würde.

---

[195] vgl. hierzu die Interviews 1, 2 und 3
[196] vgl. Interview 3

## d) Zusammenfassung der wichtigsten Erkenntnisse

Durch die oben beschriebenen konkreten Aussagen kann ein indirekter Einfluss des Sportes, und damit auch des Betriebssports, auf das Betriebsklima von Unternehmen angenommen werden, so wie es bereits in Kapitel 3 dieser Arbeit ausführlich diskutiert wurde. Somit haben sich viele der vorher gebildeten Hypothesen bestätigt.

Dabei scheint es so, dass die positiven Auswirkungen davon abhängen, welche Sportart ausgeübt wird. Bei den geführten Interviews konnte ein deutlicher Unterschied in den Antworten über geistige Fitness und Einflüssen auf die Arbeit festgestellt werden.

Während die ersten drei Befragten die Sportart Laufen (also eine Ausdauersportart) mit der Betriebssportgruppe ausüben, spielen die anderen drei Personen in der Fußballmannschaft ihrer Firma. Zu beobachten war, dass alle Läufer die Auswirkungen von Sport auf ihre Psyche und damit auch auf ihre Arbeit sehr konkret beschrieben haben, während die Fußballer eher die integrative Wirkung des Betriebssportes in den Mittelpunkt ihrer Aussagen stellten. Die besonderen Auswirkungen von Ausdauersport wurden somit bestätigt.[197]

Weiterhin kann festgestellt werden, dass der größte Vorteil beim Betriebssport im gegenseitigen besseren Kennenlernen der Mitarbeiter liegt. Hierbei ist es wichtig, den Kollegen nicht nur beruflich, sondern auch auf privater Ebene zu kennen, damit ein persönliches Verhältnis entstehen kann. Für das Betriebsklima bedeutet das einen lockeren Umgangston, den Abbau eventueller Hemmschwellen und eine größere Akzeptanz unter den Mitarbeitern, was vor allem bei Konfliktlösungen vorteilhaft ist.

---

[197] vgl. Fixx, James F.: Das komplette Buch vom Laufen, 19. Aufl., Frankfurt am Main 2000, S. 38-53

Außerdem wurde erkannt, dass der freiwillige Charakter bei der Teilnahme am Betriebssport sehr wichtig ist. Es kann zwar theoretisch angenommen werden, dass sich das Betriebsklima verbessern könnte, wenn mehr Mitarbeiter am Betriebssport teilnehmen würden, jedoch würde eine Pflichtteilnahme als Zwang angesehen und die lockere ungezwungene Atmosphäre des Betriebssports könnte somit nicht mehr aufrechterhalten werden.

### 4.5.3 Gegenüberstellung von Hypothesen und Ergebnissen

| Hypothese | Ergebnis |
| --- | --- |
| Wenn sich die stressabbauende Wirkung von Sport auf den Arbeitsalltag überträgt, dann sind am Betriebssport teilnehmende Mitarbeiter gelassen und belastbar. | Die Hypothese kann als bestätigt angesehen werden, weil vier von sechs (=67%) der befragten Personen nicht nur die stressabbauende Wirkung, sondern auch die damit verbunden Entspannung und Gelassenheit bei der Arbeit genannt haben. |
| Wenn sich die am Betriebssport teilnehmenden Mitarbeiter auf privater Ebene besser kennen lernen, verbessert dies auch das Verhältnis untereinander in der Arbeit. | Die Hypothese kann als bestätigt angesehen werden, weil alle befragten Personen das bessere Kennenlernen durch den Betriebssport als Basis für ein persönlicheres Verhältnis (auch in der Arbeit) ansahen. |
| Wenn Betriebssport Teamfähigkeit und soziale Kompetenz[198] der teilnehmende Mitarbeiter fördert, dann zeigen diese Mitarbeiter kooperatives und kollegiales Verhalten am Arbeitsplatz. | Eine nähere Überprüfung dieser Hypothese könnte eindeutigere Ergebnisse liefern. Aussagen über die gesteigerte Teamfähigkeit und die bessere Zusammenarbeit aufgrund sportlicher Aktivitäten lassen sich nur in zwei Fällen[199] finden. |

---

[198] Soziale Kompetenz ist ein Ausdruck für die Kooperationsbereitschaft und Kooperationsfähigkeit eines Menschen. Vgl. Beyer, Horst-Thilo: Personallexikon, 1. Aufl.; München 1990, S. 334-335

[199] vgl. Interview 4 und 5

| | |
|---|---|
| Wenn Mitarbeiter am Betriebssport teilnehmen, fühlen sie sich in der Belegschaft integriert und arbeiten gern für das entsprechende Unternehmen. | Die integrative Wirkung des Betriebssportes konnte in vier von sechs Interviews erkannt werden.[200] Die befragten Personen nannten hierbei nicht nur häufig den Namen ihrer Firma, wie z. B. „XXX-Familie" (O-Ton Interview 3), sondern zeigten auch voller Stolz Urkunden oder Teilnehmerscheine der Betriebssportgruppe. |
| Wenn durch die konzentrationsfördernde Wirkung von Sport nicht nur die körperliche, sondern auch die geistige Fitness zunimmt, fühlen sich Sport treibende Mitarbeiter weniger überfordert und sehen ihre Arbeitsaufgaben eher als Herausforderung an. | Eine nähere Überprüfung dieser Hypothese wäre für eine eindeutigere Aussage nötig. In der vorliegenden Untersuchung war zwar auffällig, dass sich keine der befragten (sporttreibenden) Personen überfordert fühlte, dies kann allerdings auch andere Ursachen haben und ist nicht ausschließlich auf die Auswirkungen des Sports zurückzuführen. |
| Je mehr Mitarbeiter am Betriebssport teilnehmen, umso besser ist das Betriebsklima im Unternehmen. | Diese Hypothese wurde bestätigt, ist aber praktisch nicht umsetzbar. Die Pflichtteilnahme am Betriebssport würde als Zwang angesehen und den lockeren Rahmen, der Voraussetzung für das ungezwungene Miteinander ist, zerstören. |

**Abb. 19:** Gegenüberstellung von Hypothesen und Ergebnissen[201]

---

[200] vgl. Interview 1, 2, 3 und 4
[201] eigene Darstellung

# 5    Zusammenfassung

Ziel der vorliegenden Arbeit war es, einen Zusammenhang zwischen Betriebssport und positivem Betriebsklima fest zu stellen, bzw. zu untersuchen, ob sich die Teilnahme am Betriebssport förderlich auf das Betriebsklima von Unternehmen auswirkt.

Dazu erfolgte zunächst eine Abgrenzung der Begriffe „Betriebssport" und „Betriebsklima", um die Thematik zu verdeutlichen. Im Rahmen der Darstellung, wie sich Sport auf Körper und Psyche des Menschen auswirkt, wurde im Folgenden diskutiert, welche Zusammenhänge zwischen Betriebssport und Betriebsklima angenommen werden können.

Diese Annahmen wurden weiterhin in einer empirischen Untersuchung mit Hilfe qualitativer Interviews überprüft.

Als Ergebnis dieser Untersuchung konnte festgestellt werden, dass ein Zusammenhang zwischen der Teilnahme am Betriebssport und einer positiven Auswirkung auf das Betriebsklima besteht. Allerdings ist das Vorhandensein von Betriebssport keine Garantie für ein gutes Betriebsklima. Vielmehr gibt es zahlreiche Einflussgrößen, die auf das Klima eines Unternehmens wirken, wobei der Betriebssport nur einen möglichen Faktor darstellt.

Der positive Effekt betrieblicher Sportgruppen kann dabei insbesondere auf das nähere Kennenlernen der teilnehmenden Mitarbeiter zurückgeführt werden. Das Verhältnis dieser Mitarbeiter ist somit persönlicher und ihre gegenseitige Akzeptanz ist größer, weil sie sich nicht nur auf beruflicher, sondern auch auf privater Ebene kennen.

Des Weiteren konnte festgestellt werden, dass auch die psychischen Auswirkungen, die Sport beim einzelnen Menschen hat, einen Einfluss auf das Betriebsklima haben. Die stressabbauende und –vorbeugende Wirkung körperlicher Betätigung führt demnach dazu, dass sporttreibende Mitarbeiter im Arbeitsalltag gelassener und belastbarer sind als Mitarbeiter, die keinen Sport ausüben. Auch dies hat einen vorteilhaften Effekt auf das Betriebsklima.

In der vorliegenden Arbeit konnte somit ein allgemeiner Zusammenhang zwischen Betriebssport und positivem Betriebsklima
nachgewiesen werden. Um spezielle Aussagen treffen zu können,
wäre allerdings eine umfangreichere und detailliertere Untersuchung dieser Beziehungsgefüge nötig.

# Anhang

## Fragenkatalog:

### Fragen zum Betriebssport:

Welche Art von Sport wird in Ihrem Unternehmen angeboten und von wem wird der Sport organisiert?

Wie viele Beschäftigte nehmen daran regelmäßig teil? Haben Sie das Gefühl, dass das Sportangebot von den Mitarbeitern gut angenommen wird?

Betreibt Ihr Unternehmen noch weitere Maßnahmen betrieblicher Gesundheitsförderung? Wenn ja, welche?

### Fragen zum Betriebsklima:

Wie denken Sie über das Verhältnis zu Ihren Vorgesetzten? Ist es eher partnerschaftlich und kollegial oder treten häufig Konflikte mit Ihren Vorgesetzten auf?

Wie schätzen Sie das Verhältnis zu Ihren Kollegen ein? Hilft man sich bei Schwierigkeiten gegenseitig oder denkt jeder nur an sich selbst?

Besteht ein reger Informationsfluss im Unternehmen, d. h. sind Sie über wichtige Vorgänge immer informiert?

Entsprechen die Ihnen gestellten Aufgaben Ihrem Können und Ihren Fähigkeiten?

### Fragen zu den Auswirkungen des Betriebssports auf das Betriebsklima:

Treiben Sie selber Betriebssport? Und warum?

Welchen Einfluss hat der Betriebssport auf Ihre körperliche und „geistige" Fitness? Unter geistiger Fitness verstehe ich einen klaren Kopf und eine gute Konzentrationsfähigkeit.

Hat der Sport Einfluss auf Ihre Arbeit? Wenn ja, wie wirkt er sich genau aus?

Würden Sie sagen, dass der Betriebssport die Zugehörigkeit zum Betrieb fördert? Wenn ja, warum tut er das?

Inwiefern wirkt sich der Sport auf das Verhältnis der Mitarbeiter untereinander aus? Gehen Sie dabei bitte dabei auf das
Verhältnis zwischen teilnehmenden Mitarbeitern untereinander und teilnehmenden und nicht-teilnehmenden Mitarbeitern
ein.

Ein gutes Betriebsklima erkennt man z. B. daran, dass es wenig
Beschwerden gibt, ein schlechtes z. B. daran, das häufig Konflikte zwischen Mitarbeitern oder Vorgesetzten gibt. Würde
sich am Betriebsklima Ihrer Meinung nach etwas ändern, wenn
mehr Mitarbeiter am Betriebssport teilnehmen würden?

# Interview 1 (Pretest):

1. Erklärung warum die Befragung durchgeführt wird
2. Versicherung der vertraulichen Behandlung der Daten
3. Fragen zum Betriebssport

**Interviewer (I): Welche Art von Sport wird in Ihrem Unternehmen angeboten und von wem wird der Sport organisiert?**

Befragter (B): Hauptsächlich gehen wir laufen. Wir haben nämlich eine Laufgruppe, die sich zweimal in der Woche trifft. Daneben existiert eine Kegelmannschaft, die sich allerdings nicht so regelmäßig trifft. Organisiert wird der Betriebssport von Seiten der Arbeitnehmer aus und findet außerhalb der Arbeitszeit statt.

Entstanden ist die Idee zum gemeinsamen Sport auf einer Weihnachtsfeier, wobei die Idee des besseren Kennenlernens und die Förderung der Kollegialität im Vordergrund standen. Daraufhin wurde „XXX" *(Anm.: nennt den Namen der Betriebssport-Gruppe)* gegründet.

Neben der Laufgruppe und der Kegelgruppe werden seitens der „XXX" *(Anm.: nennt den Namen der Betriebssport-Gruppe)* noch weitere Aktionen organisiert und durchgeführt, wie z. B. eine Floßfahrt oder ein Ausflug zum Kartfahren, wo die meisten Mitarbeiter teilnehmen.

**I: Gehen alle diese Aktivitäten allein auf die Betriebssportgruppe zurück?**

B: Ja, wir bringen die Ideen und organisieren sie auch. Ganz am Anfang haben wir einen Fragebogen gemacht, um zu erfahren, welche Sportarten überhaupt von Interesse sind. Dies waren eben Laufen und Kegeln regelmäßig und mittlerweile gehen wir noch einmal im Jahr Kartfahren, was vor zwei Wochen auch wieder ganz lustig war! Außerdem machen wir ab und zu Sportschießen und einen Tennisschnupperkurs hatten wir auch schon. Wir machen da ganz viele Sachen *(Anm.: zeigt Ordner mit vielen Urkunden und Teilnahmescheinen der Betriebssport-Gruppe)*. Wir haben auch schon an Kegelmeisterschaften teilgenommen. Skifahren waren wir im Februar.

Es gibt eine Wandergruppe und ein Fußball-Team gibt es auch, das sich aber nur gelegentlich zusammen findet.

I: Wie viele Beschäftigte nehmen daran regelmäßig teil?

B: Das ist ganz unterschiedlich. Beim Laufen sind es um die fünf bis acht Mann, beim Kegeln meistens um die zehn und beim Kartfahren waren wir sogar 35 Leute. Je nachdem, es ist ganz unterschiedlich.

I: Haben Sie das Gefühl, dass das Sportangebot von den Mitarbeitern gut angenommen wird oder gibt es auch Mitarbeiter, die genug von ihren Kollegen haben und diese in ihrer Freizeit nicht mehr sehen wollen?

B: Das gibt es natürlich auch, solche Leute gibt es immer. Aber es gibt natürlich auch welche, die sagen: „Da mach ich auf jeden Fall mit!". Es kommt halt immer drauf an, was man anbietet. Es gibt z. B. Mitarbeiter, die mit Laufen gar nichts anfangen können, die aber dafür am Tenniskurs teilgenommen haben. Sicher gibt es zwei, drei Leute, die überall dabei sind und das ganze auch organisieren.

I: Betreibt Ihr Unternehmen noch weitere Maßnahmen betrieblicher Gesundheitsförderung?

Ja, wir hatten eine Rückenschule, die von der AOK aus organisiert wurde. Die AOK- Mitglieder haben diesen Kurs von ihrer Kasse bezahlt bekommen, die anderen Teilnehmer mussten ihn selbst bezahlen. Das war aber ganz lustig, weil der Kurs um halb fünf stattfand, während die anderen noch gearbeitet haben und wir dort teilgenommen haben.

4. Fragen zum Betriebsklima

I: Wie denken Sie über das Verhältnis zu ihren Vorgesetzten? Ist es eher partnerschaftlich und kollegial oder treten häufig Konflikte mit ihren Vorgesetzten auf?

B: Also größtenteils ist es partnerschaftlich-kollegial.

I: Können Sie dafür Beispiele geben, inwiefern dieses Verhältnis besonders ausgeprägt ist?

B: Man kann halt mit den Vorgesetzten jede Art von Gesprächen führen. Manchmal kommen sie auch zu Veranstaltungen, wo sie nicht mehr als Vorgesetzte angesehen werden und das Verhältnis sehr locker und freundschaftlich ist.

I: Denken Sie da jetzt an eine konkrete Person oder kann diese Aussage allgemein gehalten werden?

B: Größtenteils trifft dies auf alle zu, wobei es aber in der oberen Ebene schon die eine oder andere Person gibt, bei der es anders ist. Aber auch diese versuchen, ein partnerschaftliches Verhältnis darzustellen, nur gelingt dies halt nicht immer!

I: Wie schätzen Sie das Verhältnis zu Ihren Kollegen ein? Hilft man sich bei Schwierigkeiten gegenseitig oder denkt jeder nur an sich selbst?

B: Ja, also man hilft sich gegenseitig. Es ist auf jeden Fall ein großer Zusammenhalt da.

I: Ist dieser Zusammenhalt eher abteilungsbezogen oder erstreckt er sich auch auf andere betriebliche Bereiche?

B: Ich würde sagen, das ist abteilungsübergreifend und gilt für das ganze Unternehmen.

I: Besteht ein reger Informationsfluss im Unternehmen, das heißt, sind Sie über wichtige Vorgänge immer informiert?

Vielleicht nicht immer, es kommt auch auf die Information an. Der „Busch-Funk" funktioniert, würde ich sagen, aber es gibt sicher auch Dinge, über die man nicht bescheid weiß. Im Vergleich zu anderen Unternehmen, würde ich aber meinen, dass der Informationsfluss bei uns gut ist.

I: Entsprechen die Ihnen gestellten Aufgaben Ihrem Können und Ihren Fähigkeiten oder fühlen Sie sich oft über- oder unterfordert?

B: Da möchte ich behaupten, dass es bei allen passt und sie Aufgaben entsprechend ihren Fähigkeiten und Können haben. Zur Zeit haben wir nur zeitliche Probleme, weil es in der Branche allgemein schlecht aussieht, so dass jeder an seine Grenzen geht. Aber dass es an der Fähigkeit mangelt, sehe ich jetzt nicht so.

5. Fragen zu den Auswirkungen des Betriebssports auf das Betriebsklima:

I: Treiben Sie selber Betriebssport?

B: Ja, ich selber gehe Laufen, nehme aber auch an den anderen Aktionen teil.

I: Warum treiben Sie Betriebssport?

B: Also ich persönlich finde gut, dass man zusammen läuft, weil ich nicht gern allein Sport treibe und ich mich freue, wenn jemand mitläuft. Man hat eben einen festen Termin und ist somit motivierter Sport zu treiben.

I: Inwiefern wirkt sich der Sport auf das Verhältnis der Mitarbeiter untereinander aus? Gehen Sie dabei bitte dabei auf das Verhältnis zwischen teilnehmenden Mitarbeitern untereinander und teilnehmenden und nicht-teilnehmenden Mitarbeitern ein.

B: Zum einen ist es so, dass bei den teilnehmenden Mitarbeitern viele sowohl private als auch betrieblich bedingte Gespräche stattfinden. Man unterhält sich einfach mehr als im Arbeitsalltag und lernt sich somit viel besser kennen. Es können auch viele Themen angesprochen werden, die ansonsten nicht diskutiert werden.

**I: Werden beim Sport auch direkt Probleme aus der Arbeit angesprochen?**

B: Ja, weil man Zeit hat. In der Arbeit ist immer Druck da und man hat kaum Zeit, sich miteinander zu unterhalten. Beim Laufen hat man hingegen Zeit, manche Sachen noch mal aufzugreifen und darüber zu reden. Und ich denke, dass auf diese Weise auch Freundschaften entstehen können.

**I: Und wie sieht es mit dem Verhältnis der teilnehmenden zu den nicht-teilnehmenden Mitarbeitern aus?**

B: Ein positiver Einfluss besteht darin, dass die teilnehmenden die nicht- teilnehmenden Mitarbeiter überzeugen könnten, doch beim Sport mit zu machen. Allerdings gibt es vor allem in der Produktion Arbeiter, die sagen: „Macht nur euren Mist und lasst mich in Ruhe!". Es gibt halt solche und solche. Ich glaube, das kann man nicht verallgemeinern.

**I: Welchen Einfluss hat der Betriebssport auf Ihre körperliche und „geistige" Fitness? Unter geistiger Fitness verstehe ich einen klaren Kopf und eine gute Konzentrationsfähigkeit.**

B: Auf mich hat der Sport auf jeden Fall eine positive Auswirkung. Ich habe auch  schon Sport getrieben, bevor wir „XXX" *(Anm.: nennt den Namen der Betriebssport-Gruppe)* gegründet haben. Für mich ist Sport sehr wichtig als Ausgleich und ich bin froh, dass ich durch den Betriebssport noch mehr in der Richtung machen kann. Man ist auf jeden Fall gelassener und stressresistenter, weil man nach dem Sport entspannt ist.

**I: Hat der Sport Einfluss auf Ihre Arbeit? Wenn ja, wie wirkt er sich genau aus?**

B: Dadurch, dass ich gelassener und konzentrierter bin, kann ich meine Arbeit auch besser erledigen. Inwieweit das mit dem Betriebssport zusammenhängt kann ich aber nicht sagen. Es ist halt allgemein so, dass der Sport positive Auswirkungen auf die Arbeit hat.

**I: Würden Sie sagen, dass der Betriebssport die Zugehörigkeit zum Betrieb fördert?**

B: Ja, weil der Zusammenhalt untereinander besser funktioniert und sich das dann auch auf die Zugehörigkeit zum Betrieb auswirkt. Ich denke, dass sieht man auch an den zahlreichen Urkunden und Teilnehmerscheinen, dass die „XXX" *(Anm.: nennt den Namen der Betriebssport-Gruppe)* gern für ihr Unternehmen auftreten.

**I: Würde sich am Betriebsklima Ihrer Meinung nach etwas ändern, wenn mehr Mitarbeiter am Betriebssport teilnehmen würden?**

B: Bestimmt, denn dann würden die anderen den positiven Einfluss, den wir jetzt spüren, auch merken. Sie würden über Dinge sprechen, über die sie ansonsten nicht reden und würden wahrscheinlich auch besser zusammenhalten.

# Interview 2:

1. Erklärung warum die Befragung durchgeführt wird

2. Versicherung der vertraulichen Behandlung der Daten

3. Fragen zum Betriebssport

**I: Welche Art von Sport wird in Ihrem Unternehmen angeboten und von wem wird der Sport organisiert?**

B: Als Sportmöglichkeiten bieten wir das Laufen an. Für die Anfängergruppe haben wir Walking, wo wir ein Projekt organisieren: von 0 auf 10 000. Damit wollen wir Leute ansprechen, die Laufanfänger sind, also von 0 anfangen. Das Projekt dauert zehn Wochen und trainiert wird zwei Mal die Woche. Wir organisieren alles, stellen auch die Trainer, die das Ganze betreuen. Wir haben insgesamt einen ganz guten Erfolg bis jetzt. Ich hätte nicht gedacht, dass das zustande kommt. Wir haben dreizehn Leute, die daran teilnehmen. Das ist eine ganz gute Zahl.

**I: Wer sind die Trainer? Wer führt das Projekt durch?**

B: Das bin ich mit zwei weiteren Arbeitskollegen, die zum einen lauferfahren sind und mit Sport schon mal was zu tun hatten oder Übungsleiterscheine haben. Es wurde ein Trainingsplan für die Leute ausgearbeitet. Unsere Betriebsärztin macht auch mit. Es werden diverse Untersuchungen durchgeführt, wobei das keine Eignungsuntersuchungen sind, sondern nur begleitende Untersuchungen.

Trotzdem sollen die Leute vorher abklären, ob sie gewisse Risikofaktoren, wie Bluthochdruck haben. Vor allem Ab 35 ist das der Bereich, den man abklären muss, wenn man vorher keinen Sport gemacht hat.

Das ist also wie schon gesagt, der Nachwuchs, den wir uns ein bisschen ranziehen möchten. Dann haben wir donnerstags unsere Laufsport-Gruppe, die ein offener Lauftreff ist, wo verschiedene Leute teilnehmen, je nachdem wie das Wetter ist.

**I: Wie viele Beschäftigte nehmen daran regelmäßig teil?**

B: Regelmäßig nehmen zwischen fünf und zehn teil.

**I: Offener Lauftreff- heißt das, dass jeder daran teilnehmen kann?**

B: Ja, daran kann jeder teilnehmen. Organisiert wird das zusammen mit der LG Hallerstein. Das haben wir verknüpft, weil wir uns nicht gegenseitig die Leute wegschnappen wollten.

**I: Betreibt Ihr Unternehmen noch weitere Maßnahmen betrieblicher Gesundheitsförderung?**

B: Betriebliche Gesundheitsförderung ist bei uns schon lange ein Thema. Wir haben 2000 angefangen mit „XXX" *(Anm.: nennt den Namen der Betriebssport-Gruppe)*, als das mit dem ersten Lauf-Treff losging. Dann haben wir 2002 die AOK mit ins Boot geholt, um das ganze etwas strukturierter und intensiver verfolgen zu können. Die AOK hat ein ganz gutes Angebot mit diversen Lehrkräften, die sie den Firmen anbieten. Es gibt z.B. Seminare für Führungskräfte, die auf Gesundheitstraining sensibilisiert werden.

Also: Was kann ich als Führungskraft tun, um meine Leute zu motivieren, dass sie mit einem leichten Schnupfen noch in die Arbeit kommen anstatt zu Hause zu bleiben? Man muss als Führungskraft seinen Beitrag dazu leisten, damit die Leute motiviert sind und zur Arbeit kommen.

Weiterhin hat uns die AOK Rückenseminare angeboten. Es haben sich zwar nicht viele bereit erklärt mitzumachen, so sieben oder acht. Aber da waren dann zwei dabei, die das Ganze komplett durchgezogen haben.

Die Rückenschule haben wir vor allem an den Arbeitsplätzen, gestartet, an denen die körperliche Beanspruchung am stärksten ist, z.B. in der Produktion.

Da war von der AOK jemand da, der sich die Arbeitsplätze angesehen hat und dementsprechend eine Arbeitsanalyse gemacht hat. Aufgrund dieser Analyse wurde ein spezielles Rückentraining oder eine Rückenschule konzipiert und durchgeführt. Die ist sehr gut angenommen worden.

Das ist bei den Leuten sehr positiv angekommen. Die Leute sprechen darüber und das ist gut. Wenn man z.b. in der Mittagspause rausgeht und es wird darüber diskutiert, merkt man, dass es was bringt.

## 4. Fragen zum Betriebsklima

**I: Wie denken Sie über das Verhältnis zu Ihren Vorgesetzten? Ist es eher partnerschaftlich und kollegial oder treten häufig Konflikte mit Ihren Vorgesetzten auf?**

B: Es ist ein partnerschaftliches Verhältnis. Man kann miteinander reden und tauscht sich aus, wenn es Probleme gibt. Da wird dann drüber diskutiert.

**I: Denken Sie da an eine spezielle Person, oder kann man das allgemein behaupten?**

B: Also soweit ich weiß, ist das im ganzen Unternehmen so. Ich habe keinerlei Probleme mit irgendwelchen Vorgesetzten. Gerade im Personalbereich hat man ja damit viel zu tun, z.b. mit den verschiedenen Bereichsleitern. Also die sind alle kooperativ.

**I: Wie schätzen Sie das Verhältnis zu Ihren Kollegen ein? Hilft man sich bei Schwierigkeiten gegenseitig oder denkt jeder nur an sich selbst?**

B: Also wenn ich unsere eigene Abteilung anschaue: da springt jeder für den anderen ein. Das ist wirklich ideales Arbeiten. Das muss auch so sein, sonst macht die Arbeit keinen Spaß.

**I: Ist das auch abteilungsübergreifend der Fall?**

B: Das kommt immer auf die entsprechenden Aufgaben an. Wie schon gesagt, der Personalbereich hat eben viele Schnittpunkte zu anderen Abteilungen. Es gibt zahlreiche Sachen, die man intern regeln muss, aber gerade mit der Produktion ist ein intensiver Austausch notwendig: Wo kommen die LKWs hin? Welche Einweisungen brauchen sie, usw.

**I: Besteht ein reger Informationsfluss im Unternehmen? Sind Sie über wichtige Vorgänge immer informiert?**

B: Der Informationsfluss ist in Ordnung. Es gibt immer Ausnahmen, aber die sind nicht unbedingt gewollt. Wenn jemand einen Mitarbeiter im Verteiler vergisst, dann bekommt der die Information eben ein bisschen später, aber er bekommt sie genauso. Es ist eben ein bisschen ärgerlich, aber das hat überhaupt nichts mit Mobbing zu tun.

**I: Entsprechen die Ihnen gestellten Aufgaben Ihrem Können und Ihren Fähigkeiten oder fühlen Sie sich oft über- oder unterfordert?**

B: Ich bin seit zweieinhalb Jahren im Unternehmen. Anfänglich habe ich gedacht, die Arbeit könnte ein bisschen anspruchsvoller sein, aber da wächst man nach und nach rein. Das ist auch klar. Man kommt oft mit falschen Vorstellungen ins Arbeitsleben und denkt: So, jetzt bin ich fertig mit dem Studium und jetzt kommt alles so, wie ich es mir vorgestellt habe. Das ist normal. Man hat eben auch einmal einfachere Aufgaben, wo man sagt, dafür muss man nicht unbedingt studieren. Aber das wird nach und nach besser. Ich denke, das ist ein normaler Prozess, den man nach dem Studium hinnehmen muss.

5. Fragen zu den Auswirkungen des Betriebssports auf das Betriebsklima

**I: Treiben Sie selber Betriebssport?**

B: Ja, kann man so sagen. Zur Zeit bin ich ja u. a. der Trainer der Gruppe. Außerdem lasse ich mich hier und da mal auf dem Lauftreff sehen. Betriebssport ist ja auch, wenn man mit anderen Arbeitskollegen was zusammen unternimmt. Meine Passion ist mehr das Radfahren, weniger das Laufen. Und da unternehme ich ab und zu was mit anderen Kollegen.

**I: Besteht hier die Absicht, dies auch in den Betriebssport aufzunehmen?**

B: Ja, das wäre sicherlich eine interessante Aufgabe, aber in diesem Jahr werde ich es nicht schaffen. Wie gesagt, wir haben ja das andere Projekt am laufen. Aber der Gedanke, das Radfahren in die Betriebssportgruppe aufzunehmen, besteht auf jeden Fall. Vielleicht dann unter dem Motto „von 0 auf 100km".

**I: Welchen Einfluss hat der Betriebssport auf Ihre körperliche und „geistige" Fitness? Unter geistiger Fitness verstehe ich einen klaren Kopf und eine gute Konzentrationsfähigkeit.**

B: Das ist ganz klar. Ich treibe schon jahrelang Sport und kenne es gar nicht ohne. Ich weiß nur, dass ich es sehr spüre, wenn ich längere Zeit keinen Sport mache. Gerade wenn ich aus der Arbeit komme, schwinge ich mich gerne aufs Rad oder geh Laufen. Dann ist man irgendwie leidlicher, man wird einfach ausgeglichener. Jeder, der Sport treibt, wird das bestätigen können. Gerade beim Ausdauersport.

Letztes Jahr habe ich mit einem Freund eine längere Radtour von vier bis fünf Tagen gemacht. In diesen paar Tagen schaltet man mehr ab, kommt viel mehr zur Ruhe und ist hinterher ausgeglichener als wenn man sich zwei Wochen an irgendeinen Strand legt. So kann ich sagen, dass der Sport einen geistigen Ausgleich bringt.

Wenn man irgendein Problem hat und man geht Radfahren oder Laufen, ist das Problem im Nachhinein nur noch halb so schlimm. Man sieht es einfach ein bisschen distanziert, ein bisschen lockerer.

Und körperlich bringt Sport natürlich auch einiges, gerade wieder der Ausdauersport. Er bringt den Puls ein bisschen nach unten. Diese Auswirkungen sind ja alle wissenschaftlich bewiesen.

**I: Hat der Sport Einfluss auf Ihre Arbeit? Wenn ja, wie wirkt er sich genau aus?**

B: Ja, man ist einfach gelassener. Man hat ja einen gewissen Druck und Stress in der Arbeit, den man mit einem Spaziergang, einer Stunde Laufen oder Radfahren sehr gut ausgleichen kann. Das geht so viel besser, als wenn man am Abend heimkommt und sich vor den Fernseher legt. Also da kann man nicht so entspannen.

Man kann auch viel besser schlafen, weil der Körper von der Anstrengung einfach müde ist. Der Druck und der Stress sind ein bisschen abgebaut, die Muskulatur ist müde und man legt sich ins Bett und schläft einfach. Wenn man keinen Sport macht, dann liegt man abends oft im Bett und überlegt, was man hier und da gemacht hat und was man noch so zu tun hat. Das ist meine persönliche Erfahrung.

**I: Inwiefern wirkt sich der Sport auf das Verhältnis der Mitarbeiter untereinander aus? Gehen Sie dabei bitte dabei auf das Verhältnis zwischen teilnehmenden Mitarbeitern untereinander und teilnehmenden und nicht-teilnehmenden Mitarbeitern ein.**

B: Zwischen den teilnehmenden ist es eigentlich sehr interessant. Also ich sehe es jetzt gerade in der Gruppe „XXX" *(Anm.: nennt den Namen der Betriebssport-Gruppe)*. Das sind Leute aus verschiedenen Bereichen, die zusammengewürfelt sind. Die diskutieren jetzt plötzlich über das Laufen.

Oder da gab es jetzt vor kurzem auch die Reihe im Fernsehen von 0 auf 42. Da wird sich dann auch gleich ausgetauscht, ob die anderen das auch gesehen haben. Da ist der Austausch schon wesentlich intensiver.

Zwischen denen, die mitmachen und denen, die nicht mitmachen ist es unterschiedlich. Manche sagen: das ist nichts für mich. Das ist ihre Meinung. Man kann nicht alle zwingen, mitzumachen und Sport zu treiben. Wir sehen es so, dass wir jedem, den wir dazu bringen, etwas Gutes tun.

Außerdem gibt es auch hier und da Anerkennung von den nicht-teilnehmenden Mitarbeitern für die Teilnehmer, wenn diese plötzlich 10km am Stück laufen können.

Natürlich gibt's da auch noch die, die sagen: Das ist doch Quatsch, was machst du da? Aber das sind die bekennenden Nicht-Sportler.

**I: Würden sie sagen, dass die, die teilnehmen, sich dadurch auch besser kennen lernen?**

B: Natürlich. Wieder aus eigener Erfahrung. Beim Sport kommt man sich einfach wesentlich näher. Wie soll ich sagen? Es ist halt einfach was intimeres, als sich einfach nur von der Arbeit zu kennen. Nach dem Sport geht man dann noch oft irgendwo hin und setzt sich zusammen. Eine gewisse Geselligkeit ist eben einfach da.

**I: Würden Sie sagen, dass der Betriebssport die Zugehörigkeit zum Betrieb fördert?**

B: Ja, da bin ich mir sicher.

**I: Ein gutes Betriebsklima erkennt man z. B. daran, dass es wenig Beschwerden gibt, ein schlechtes z. B. daran, dass häufig Konflikte zwischen Mitarbeitern oder Vorgesetzten gibt. Würde sich am Betriebsklima Ihrer Meinung nach etwas ändern, wenn mehr Mitarbeiter am Betriebssport teilnehmen würden?**

B: Das ist schwer zu sagen.
Aber sagen wir mal so: es gibt ja auch Leute, die privat Sport treiben, sich aber dem Betriebssport nicht anschließen. Ich könnte mir aber vorstellen, dass sie sich vielleicht intensiver mit ihren Kollegen auseinandersetzen würden, wenn sie am Betriebssport teilnehmen würden. Dadurch würde man sich auch auf privater Ebene näher kommen.
Generell ist die Aussage aber richtig. Wenn alle Sport machen, sind alle fitter, das ist klar. In dem Moment hätte es auch einen positiven Aspekt. Aber wenn ich alle nur dazu zwingen würde, gäbe es sicherlich auch wieder Nachteile. Es muss eine freiwillige Sache bleiben. Ansonsten würde man das Gegenteil bezwecken.

# Interview 3:

1. Erklärung warum die Befragung durchgeführt wird

2. Versicherung der vertraulichen Behandlung der Daten

3. Fragen zum Betriebssport

**I: Welche Art von Sport wird in Ihrem Unternehmen angeboten und von wem wird der Sport organisiert?**

B: Also bei uns ist vor allem das Laufen das große Event im „XXX"-Bereich *(Anm.: nennt den Namen des Unternehmens)* deutschlandweit. „XXX"-Marathon nennt sich das. Dann gibt's im Winter „XXX"-Ski-Langlauf. Das sind jetzt die Hauptsportarten. Und dann wird noch Inline-Skaten, Volleyball, Kegeln, Mountainbike, Fußball angeboten, wobei es keine Betriebssport-Mannschaft gibt, die sich zu regelmäßigen Terminen trifft, außer beim Laufen. Da sind zweimal die Woche Lauftreffs nach der Arbeitszeit.

**I: Wie viele Beschäftigte nehmen daran regelmäßig teil?**

B: Also bei den Lauftreffs sind es ungefähr drei bis fünf Personen, die sich regelmäßig beteiligen. Zu den großen „XXX"-Läufen *(Anm.: nennt den Namen des Unternehmens)*, die dann deutschlandweit oder international angeboten werden, sind zwischen 20 und 25 Läufer, die dann 10km, 21km oder auch die Marathon-Strecke laufen.

**I: Betreibt Ihr Unternehmen noch weitere Maßnahmen betrieblicher Gesundheitsförderung? Wenn ja, welche?**

B: Also wir sind, wenn die AOK was anbietet, immer offen für solche Kooperationen. Zum Beispiel war im Jahr 2003 die Rückenschule mit der AOK so eine Maßnahme, die wir begleitet haben und wo auch sehr viele Mitarbeiter teilgenommen haben. Die Resonanz war ganz gut. Jetzt macht die AOK diese Fahrrad-Aktion „Mit dem Rad zur Arbeit". Das läuft im Juni an. Da wollen wir teilnehmen, damit die Leute sich einfach ein wenig bewegen. Ansonsten machen wir unsere Gesundheitsförderung im Rahmen des Arbeitsschutzausschusses, der auch mit im Personalrat vertreten ist.

**I: Wird das von den Mitarbeitern angenommen?**

B: Es wird immer wieder dazu aufgerufen. Ob die Mitarbeiter dann am Arbeitsplatz letztendlich Übungen machen, um den Rücken zu entlasten oder Gymnastik machen, kann man schlecht überprüfen. Aber das Angebot ist da. Ob man es dann umsetzt, bleibt jedem einzelnen überlassen.

4. Fragen zum Betriebsklima

**I: Wie denken Sie über das Verhältnis zu Ihren Vorgesetzten? Ist es eher partnerschaftlich und kollegial oder treten häufig Konflikte mit Ihren Vorgesetzten auf?**

B: Speziell in meinem Bereich ist es eher partnerschaftlich-kollegial. Insgesamt im „XXX" *(Anm.: nennt den Namen des Unternehmens)* ist es auch so, dass es eher partnerschaftlich zugeht und auch kollegial. Sicher treten mal Konflikte auf, aber es gibt nicht das absolute Hierarchie-Prinzip, wo der Chef von oben sagt, so und so wird's gemacht und niemand darf sich dagegen wehren. Sicher wird der Chef letztendlich vorgeben, wie es läuft, aber es ist schon die eigene Meinung gefragt und man kann auch mitdiskutieren. Und wenn man da einen Standpunkt vertritt, der logisch nachvollziehbar ist, dann erklärt sich der Vorgesetzte auch bereit, etwas zu ändern. Von daher haben wir insgesamt ein relativ kollegiales Verhältnis.

**I: Würden Sie sagen, dass ein Mitspracherecht gegeben ist?**

B: Ja, es wird auch Wert darauf gelegt, dass die eigene Meinung gesagt wird. Man kann mitreden, wobei es teilweise schon Aussagen von Mitarbeitern gibt, die nicht in die Richtung gehen, in die „XXX" *(Anm.: nennt den Namen des Unternehmens)* vorankommen will. Normalerweise ist ein Mitspracherecht vorhanden, aber manchmal gibt es auch Entscheidungen, die so stehen und akzeptiert werden müssen.

I: Wie schätzen Sie das Verhältnis zu Ihren Kollegen ein?
Hilft man sich bei Schwierigkeiten gegenseitig oder denkt
jeder nur an sich selbst?

B: Bei uns in der Abteilung steht auf jeden Fall der Team-
Gedanke im Vordergrund. Man versucht, sich gegenseitig zu
helfen. Z. B. bei Abwesenheit, wenn mal einer krank ist oder
im Urlaub, dass man als Team auftritt. Oder wenn einer Stress
hat, dass dann die andern versuchen zu helfen. Auch in den
Geschäftstellen ist es so, dass die verschiedenen Teams gut
funktionieren. Miteinander, statt gegeneinander. Im Wesentlichen funktioniert das auch. Natürlich gibt es immer irgendwo
mal Leute, besondere Charaktere, die dann negativ heraus
stechen und dann mehr ihr eigenes Brötchen backen wollen,
aber grundsätzlich sind wir ein Team als „XXX" *(Anm.: nennt
den Namen des Unternehmens)*.

I: Besteht ein reger Informationsfluss im Unternehmen,
das heißt, sind Sie über wichtige Vorgänge immer informiert?

B: Grundsätzlich ja. Es gibt zum Beispiel vier Mal im Jahr ein so
genanntes Führungskräfte-Forum, wo alle Abteilungsleiter
vom Vorstand informiert werden, was geplant ist, was bisher
erreicht wurde, welche Ziele bestehen oder welche Strategien
das Unternehmen insgesamt verfolgt. Die Führungskräfte sollen die Informationen dann entsprechend an die Mitarbeiter
weitergeben.
Fragen und Wünsche von Mitarbeitern sollen über die Abteilungsleiter wieder an den Vorstand getragen werden. Das
Führungskräfte-Forum sollte Dialogfunktion annehmen, damit
jeder etwas zur Sache sagt. Es wird sicher mal etwas intern in
der Abteilung geklärt, dass nicht an den Vorstand heran
getragen wird, aber grundsätzlich ist jeder informiert über
seinen Bereich und auch insgesamt was „XXX" *(Anm.: nennt
den Namen des Unternehmens)* betrifft.

**I: Entsprechen die Ihnen gestellten Aufgaben Ihrem Können und Ihren Fähigkeiten?**

B: Teilweise ist es zeitlich sehr knapp, was von einem gefordert wird. Vom fachlichen her, fühle ich mich weder überfordert noch unterfordert. Ich kann das erreichen, was ich will. Aber die Kunden haben natürlich ihre Ansprüche und wollen, dass alles sehr schnell erledigt wird. Und wenn das zehn Kunden gleichzeitig sind, dann ist natürlich jeder der wichtigste und keiner weiß vom andern Kunden, dass der auch die gleichen zeitlichen Anforderungen stellt. Also zeitlich ist es schon eher schwierig, die gestellten Aufgaben zu erfüllen.

Fachlich fühle ich mich nicht unterfordert, ansonsten müsste ich selber irgendwo was ändern. Da liegt es dann an mir selber, wenn ich mich unterfordert fühle. Dann muss ich eben sehen, dass ich irgendetwas anders mache, damit ich ausgelastet bin. Und wenn ich jetzt überfordert wäre, dann hätte ich glaube ich Probleme, den Tag hier zu überstehen. Dann würde ich mich weiterbilden, damit ich dann auf dem richtigen Stand bin. Oder ich müsste den Job wechseln.

5. Fragen zu den Auswirkungen des Betriebssports auf das Betriebsklima

**I: Treiben Sie selber Betriebssport?**

B: Also ich gehe im Rahmen des Betriebssports Laufen, wobei ich bei der Laufgruppe nicht regelmäßig dabei bin, weil ich im Sommer Rad fahre, und zwar Mountainbike und Rennrad. Mountainbiken ist ja auch eine betriebliche Organisation als Wettkampf und wird einmal im Jahr angeboten. Beim Ski-Langlauf mache ich im Winter immer mit. Beim Volleyball bin ich auch dabei.

Ich versuche schon die ganzen Sportarten, mit ab zu decken, wenn ich selber teilnehmen kann. Außer beim Fußball, weil ich absolut nicht spielen kann! Aber dafür gibt's einen anderen Personalrat.

**I: Warum treiben Sie Betriebssport? Einfach nur, weil es lustig ist und Spaß macht oder aus der Funktion als Personalrat heraus?**

B: Also es ist nicht so, dass ich als Personalrat als Vorbild mitmache, sondern ich mache mit, weil es mir einfach Spaß macht und weil ich sehr gerne Sport treibe. Und weil ich auch nach dem Sport, den ich gemacht habe, entspannter bin und geistig erholter wieder an die Arbeit gehe. Ich denke, dass ist ein guter Stress-Ausgleich.

Durch die deutschlandweiten Wettkämpfe kennt man auch von anderen „XXX"-Stellen *(Anm.: nennt den Namen des Unternehmens)* Leute. Da findet man sich dann bei Wettkämpfen als Gruppe zusammen und das ist dann nicht mehr nur Sport, sondern auch außen herum eine schöne Feier. Und das gefällt mir insgesamt ganz gut. Ich sehe da nicht so verbissen den reinen Wettkampf oder dass ich unbedingt gewinnen muss, sondern es ist einfach der olympische Gedanke: Dabei sein und Spaß haben!

Man kommt dann hinterher wieder ausgeglichen an den Arbeitsplatz zurück. Man muss auch dazu sagen, „XXX" *(Anm.: nennt den Namen des Unternehmens)* unterstützt diese Teilnahme an den Sportarten und Meisterschaften, die es in den verschiedenen Disziplinen gibt, finanziell. Man bekommt z. B. ein Auto zur Verfügung gestellt oder es werden die Kosten für Übernachtungen übernommen. Von der Arbeit freigestellt wird man aber nicht, da muss man schon Urlaub nehmen.

**I: Können Sie den Einfluss, den der Sport auf Ihre Arbeit hat, noch ein bisschen konkretisieren?**

B: Wenn ich viel Stress habe, habe ich abends keine Lust mehr, Sport zu machen. Wenn ich aber verabredet bin, sei es intern mit Kollegen oder auch extern zum Radfahren, Joggen, oder Ski-Langlauf, muss ich hingehen. Dann habe ich nach dem Sport auf jeden Fall die Arbeit hinter mir gelassen und die alltäglichen Probleme verarbeitet.

Ansonsten passiert das schon mal, dass man ins Bett geht und die Gedanken eigentlich noch bei der Arbeit sind.

Wenn ich Sport gemacht habe, ist der Stress abgebaut und am nächsten Tag gehe ich dann wieder besser gelaunt in die Arbeit und bringe nicht die Probleme vom letzten Tag mit. Das ist durch den Sport irgendwie verarbeitet. Nicht verdrängt, sondern wirklich verarbeitet. Ich denke, der Ausgleich ist sehr wichtig, um geistig abschalten zu können. Da hilft der Sport auf jeden Fall.

**I: Welchen Einfluss hat der Betriebssport auf Ihre körperliche und „geistige" Fitness? Unter geistiger Fitness verstehe ich einen klaren Kopf und eine gute Konzentrationsfähigkeit.**

B: Da kann ich jetzt nur von mir reden. Aber wenn ich mir die Sportler anschaue, die bei uns regelmäßig am Betriebssport oder bei den Veranstaltungen teilnehmen, habe ich schon das Gefühl, dass die im Sport engagierten auch in der Arbeit engagiert sind. Dass diese Leute nicht dieses Gleichgültigkeitsgefühl haben, sondern dass sie versuchen, vorwärts zu kommen und engagiert zu sein, weil sie das einfach vom Sport gewohnt sind.

**I: Motivierter als nicht sport-treibende Mitarbeiter?**

B: Ja, denke ich schon. Ich denke auch, dass sie Rückschläge leichter wegstecken können, sich wieder anderen positiven Sachen widmen und nicht schlechte Stimmung verbreiten. So ist das bei mir auf jeden Fall und bei vielen anderen, die bei uns Sport betreiben kommt es mir auch so vor. Das ist so mein Gesamteindruck.
Insgesamt ist es sehr wichtig, dass man motivierte Mitarbeiter hat und meistens sind eben motivierte Sportler auch motivierte Mitarbeiter. Außer sie übertreiben den Sport so weit, dass nur noch der Sport im Vordergrund steht und die Arbeit in den Hintergrund rückt. Dann kann es sich vielleicht negativ auf die Arbeitsleistung auswirken. Aber meiner Meinung nach sind in 99% der Fälle motivierte Sportler auch motivierte Mitarbeiter.

I: Inwiefern wirkt sich der Sport auf das Verhältnis der Mitarbeiter untereinander aus? Gehen Sie dabei bitte dabei auf das Verhältnis zwischen teilnehmenden Mitarbeitern untereinander und teilnehmenden und nicht-teilnehmenden Mitarbeitern ein.

B: Auf jeden Fall nicht so, dass irgendwelche Mitarbeiter ausgegrenzt werden, bloß weil sie keinen Sport machen. Das auf keinen Fall. Aber was ich festgestellt habe ist, dass ein persönliches Verhältnis aufgebaut wird, wenn z.b. beim „XXX"-Lauf *(Anm.: nennt den Namen des Unternehmens)* 25 Leute gemeinsam unterwegs waren, die sich nicht unbedingt in der Arbeit täglich sehen. wenn es Probleme gibt, kennt man den Kollegen vom Sport und wird mit ihm ganz anders umgehen, weil man einfach eine persönliche Beziehung zu ihm hat, als wenn das einfach ein Mitarbeiter XY ist. Da kann es am Telefon oder bei Konfrontationen schon mal krachen, weil man nicht so aufeinander eingeht als wenn man sich durch den Sport schon kennt.

Da ist dann mehr Einfühlungsvermögen oder Toleranz vorhanden. Es geht mehr um die Sache selbst und nicht um persönliche Angriffe. So würde ich sagen, fördert der gemeinsam ausgeübte Sport auf jeden Fall die Zusammenarbeit und die Kollegialität. Von daher werden diese sportlichen Aktivitäten auch von „XXX" *(Anm.: nennt den Namen des Unternehmens)* unterstützt, damit man sich dort näher kommt und die Kollegialität gefördert wird.

I: Ein gutes Betriebsklima erkennt man z. B. daran, dass es wenig Beschwerden gibt, ein schlechtes z. B. daran, dass häufig Konflikte zwischen Mitarbeitern oder Vorgesetzten gibt. Würde sich am Betriebsklima Ihrer Meinung nach etwas ändern, wenn mehr Mitarbeiter am Betriebssport teilnehmen würden?

B: Wie schon gesagt, ist der Sport, v. a. wenn es ein Mannschaftssport mit mehreren Teilnehmern ist, positiv für das Betriebsklima. Es werden aber nicht 600 Mitarbeiter am Betriebssport teilnehmen können. Mobbing wird man dadurch auch  nicht ausschließen können.

Beschwerden gibt es natürlich überall, auch bei Sportlern. Z. B.
dass Mitarbeiter mit unterschiedlichen Vorgehensweisen von
Vorgesetzten oder dem Vorstand nicht immer einer Meinung
sind.
Man wird über den Sport nicht insgesamt ein super
Betriebsklima schaffen können. Aber in gewissen Teilbereichen
gibt es wiederum Ansatzpunkte, wo sich der Betriebssport
sehr positiv wirkt. Z. B. ist einer unserer Vorgesetzten auch im
Laufen engagiert. Er unterstützt natürlich auch das Laufen und
da ist das Verhältnis viel partnerschaftlicher, bin ich der Meinung.
Eine Führungsperson sollte allerdings nicht sagen: Das ist ein
Sportler, mit dem gehe ich jetzt besser um. Das will ich damit
jetzt nicht sagen, aber man kennt sich einfach auch vom Sport
und joggt mal nebeneinander her und redet über private
Sachen. Dann ist auch der Umgangston in der Arbeit kollegialer und lockerer. Außerdem kann man auch beim Sport,
z.B. beim Laufen, auch mal ein Problem ausdiskutieren, wenn
man nicht zu schnell läuft. In der Freizeit versteht man sich da
gegenseitig vielleicht eher und kommt sich gegenseitig näher.
Um Konflikte zu bewältigen ist der Sport auf jeden Fall förderlich.
Aber wie eingangs gesagt, es wird nicht allein der Betriebssport zu einem guten Betriebsklima führen, so dass es nie Beschwerden gibt oder Mobbing auftritt. Das wird man allein
durch den Sport nicht erreichen, aber er kann durchaus dazu
beitragen.

# Interview 4:

1. Erklärung warum die Befragung durchgeführt wird

2. Versicherung der vertraulichen Behandlung der Daten

3. Fragen zum Betriebssport

**I: Welche Art von Sport wird in Ihrem Unternehmen angeboten und von wem wird der Sport organisiert?**

B: Wir haben eine Betriebssportgemeinschaft, die hauptsächlich von mir organisiert und betreut wird. Sie finanziert sich aus einem Teil Eigenleistungen der Teilnehmer und einem Teil als jährlichen Zuschuss durch den Arbeitgeber. Angeboten werden verschiedene Sportarten, allen voran Fußball. Wir treffen uns zwar nicht regelmäßig, führen aber mehrmals im Jahr Fußballspiele durch, entweder mit befreundeten XXX-Direktionen oder wir spielen gegen Firmen- oder Behörden-Mannschaften. Wir nehmen auch öfter an Turnieren teil, die unter dem Obergriff der Gemeinnützigkeit stattfinden, z.B. bei der Diakonie. Teilgenommen wird aber an jeder Art von Freizeitturnieren.

**I: Wie viele Beschäftigte nehmen daran regelmäßig teil?**

B: Beim Fußball haben wir um die 15-20 Mitspieler. Andere Sportarten haben wir natürlich auch, wenngleich es da ein Auf- und Ab gibt. Wir haben eine Skigymnastikgruppe und zeitweise eine Squash-Gruppe und einen Lauftreff organisiert. Zu den einzelnen Gruppe ist zu sagen: für die Skigymnastikgruppe haben wir im Winter eine Turnhalle gemietet, wo wir so eine Art Skigymnastik gemacht haben immer verbunden mit einem Basketball-Spiel. Die Anforderungen waren eigentlich nicht sehr hoch, es stand da mehr der Spaß -das Spiel- im Vordergrund. Über den Winter ist das relativ leicht, die Leute in eine Halle zu bringen. Im Sommer ist das schwieriger, da ruhen diese Tätigkeiten eigentlich. Da haben wir uns dann eher aufs Laufen konzentriert, wo sich einige Leute immer zu Waldläufen getroffen haben.

I: Sind das dann immer die gleichen Mitarbeiter oder variiert das sehr?

B: Es gibt schon Unterschiede, es sind nicht immer die gleichen. Aber zwei Drittel sind immer dabei. Nicht jeder spielt Fußball, nicht jeder joggt, nicht jeder macht gern Skigymnastik.

4. Fragen zum Betriebsklima

I: Wie denken Sie über das Verhältnis zu Ihren Vorgesetzten? Ist es eher partnerschaftlich und kollegial oder treten häufig Konflikte mit Ihren Vorgesetzten auf?

B: Also grundsätzlich ist das sehr partnerschaftlich und kollegial. Ich kann das jetzt aber nur aus meiner eigenen Sicht sagen, wobei dieses Verhältnis weniger durch den Sport begründet ist. Das hat sich einfach so entwickelt.

I: Wie schätzen Sie das Verhältnis zu Ihren Kollegen ein? Hilft man sich bei Schwierigkeiten gegenseitig oder denkt jeder nur an sich selbst?

B: Das ist eigentlich von Mitarbeiter zu Mitarbeiter unterschiedlich. Es überwiegt aber schon eher dieser partnerschaftliche Umgang, aber es gibt auch Ausnahmen.

I: Können Sie das noch konkretisieren?

B: Ich meine die unterschiedlichen Charaktere der Mitarbeiter. Nicht jeder ist teamfähig und kann sich leicht integrieren. Da sind manche eigensinniger oder verfolgen eigene Ziele. Aber das ist ein Vorgang, der sich unabhängig vom Betriebssport entwickelt.

I: Besteht ein reger Informationsfluss im Unternehmen, das heißt, sind Sie über wichtige Vorgänge immer informiert?

B: Also grundsätzlich herrscht ein lückenloser Informationsfluss. Es ist eigentlich die Ausnahme, wenn mal etwas auf dem Informationsweg hängen bleibt. Ich denke, das hängt vor allem mit der Funktion meines Arbeitsplatzes zusammen, aber auch andere Mitarbeiter werden zeitnah über das Neueste informiert. Das ist sicher gestellt.

I: Entsprechen die Ihnen gestellten Aufgaben Ihrem Können und Ihren Fähigkeiten?

B: Ich fühle mich weder unter- noch überfordert. Es ist manchmal ein kleines Mengenproblem, aber ansonsten...ich glaube, da bin ich kein Einzelfall, der so denkt!

5. Fragen zu den Auswirkungen des Betriebssports auf das Betriebsklima

I: Treiben Sie selber Betriebssport?

B: Ja, schon immer. Ich war eigentlich die treibende Kraft. Na ja, und wenn man das anleiert, muss man auch mitmachen bzw. vorne weg laufen.

I: Beim Fußball oder machen Sie bei anderen Sportarten auch mit?

B: Sowohl beim Fußball als auch bei anderen Sportarten.

I: Warum treiben Sie Betriebssport? Einfach nur, weil es körperlich gut tut?

B: Das ist ein angenehmer Nebeneffekt. Ich war schon immer sehr sportinteressiert und sportbegeistert. Ich habe früher wettkampfmäßig Sport getrieben und jetzt ist es mehr Spaß an der Freude. Es steht nicht mehr der Wettkampf im Vordergrund, sondern das Vergnügen.

I: Welchen Einfluss hat der Betriebssport auf Ihre körperliche und „geistige" Fitness? Unter geistiger Fitness verstehe ich einen klaren Kopf und eine gute Konzentrationsfähigkeit.

B: Es ist ein gutes Mittel zum Stressabbau, denn ich treibe aus Freude an der Bewegung Sport. Sport hat den angenehmen Effekt, dass man sich hinterher körperlich und geistig wohler fühlt. Der Sport an sich ist das Ventil zum beruflichen Alltag, wo man Dampf ablassen kann. Das ist aber für mich eher eine angenehme Nebenwirkung. Nicht deswegen treibe ich Sport, sondern, weil mir Bewegung an sich Freude macht.

I: Hat der Sport dann Einfluss auf Ihre Arbeit? Und wenn ja, wie genau wirkt sich das dann aus?

B: Er hat indirekt sicher Einfluss auf meine Arbeit. Ich könnte allerdings nicht behaupten, dass ich möglicherweise nicht so leistungsfähig wäre, wenn ich keinen Sport treiben würde. Das ist eine reine Hypothese. Ich denke aber mal, dass es meine beruflichen Fähigkeiten schon unterstützt.

I: Würden Sie sagen, dass der Betriebssport die Zugehörigkeit zum Betrieb fördert?

B: Ja, auf jeden Fall. Zumindest, bei denen, die teilnehmen. Die fühlen sich sicherlich besser integriert und bei den Teilnehmern untereinander ist auf jeden Fall davon auszugehen, dass sie sich durch den Sport besser kennen lernen und die Akzeptanz untereinander auf jeden Fall wächst.

I: Inwiefern wirkt sich der Sport auf das Verhältnis der Mitarbeiter untereinander aus? Verstehen Sie sich dann besser? Oder wenn es mal zu Konflikten kommt: geht man dann mit Mitarbeitern, die man auch außerhalb der Arbeit kennt anders um als mit Mitarbeitern, die einem nur durch den Arbeitsalltag bekannt sind?

B: Also man verschafft sich durch den Betriebssport eigentlich keine Privilegien untereinander oder gegenüber anderen Mitarbeitern oder Vorgesetzten. Es wird eher eine gewisse Hemmschwelle abgebaut, indem man sich besser kennen lernt und vielleicht über das ein oder andere Thema spricht, so dass man möglicherweise einen Konflikt leichter lösen kann, weil man sich besser kennt. Ich glaube schon, dass da indirekt ein Einfluss da ist.

I: Verstehen sich dann Mitarbeiter, die teilnehmen besser als Mitarbeiter, die nicht teilnehmen?

B: Das kann man so pauschal eigentlich nicht sagen. Aber zumindest herrscht ein lockerer Umgangston. Das auf jeden Fall. Aber besser verstehen? Dazu ist der Betriebssport nicht das Allerheilmittel. Das wäre zu weit gegriffen.

I: Ein gutes Betriebsklima erkennt man z. B. daran, dass es wenig Beschwerden gibt, ein schlechtes z. B. daran, dass häufig Konflikte zwischen Mitarbeitern oder Vorgesetzten gibt. Würde sich am Betriebsklima Ihrer Meinung nach etwas ändern, wenn mehr Mitarbeiter am Betriebssport teilnehmen würden?

B: Ja, das schon. Aber das gilt für eigentlich alle Veranstaltungen, z.B. auch gesellschaftliche Veranstaltungen, die es bei uns gibt. Das möchte ich jetzt nicht allein auf den Sport beziehen. Allein, wenn man privat etwas unternimmt, trägt das mit Sicherheit zu einem guten Betriebsklima bei. Sei es ein Betriebsausflug oder irgendeine Faschingsveranstaltung. Und wenn es eine Sportveranstaltung ist, dann sicherlich auch.

# Interview 5:

1. Erklärung warum die Befragung durchgeführt wird
2. Versicherung der vertraulichen Behandlung der Daten
3. Fragen zum Betriebssport

I: **Welche Art von Sport wird in Ihrem Unternehmen angeboten und von wem wird der Sport organisiert?**

B: Also angeboten ist ein bisschen zu hoch gegriffen, aber wir haben verschiedene Veranstaltungen. Zum Beispiel gibt es Fußball-Firmenturniere. Man kann nicht sagen, dass wir eine richtige Betriebs-Fußballmannschaft haben, die jede Woche oder alle zwei Wochen im gleichen Intervall-Takt immer wieder trainiert. Wir trainieren zusammen kurzfristig vor dem Turnier zwei bis drei Mal.

Weiterhin führen wir andere Veranstaltungen durch, wie zum Beispiel Bowling-Abende. Das ist keine Pflicht, sondern eine freiwillige Sache. Wir machen einmal im Monat oder alle zwei Monate einen Bowling-Abend und wer will, kann mitgehen, muss aber nicht einer bestimmten Gruppe beitreten.

Im letzten Jahr waren wir mal zusammen Schlittschuhlaufen. Das wird dann intern meistens von mir organisiert. Es ist zwar nichts offizielles, aber es wird von den Mitarbeitern gut angenommen. Wir sind da flexibel was die Sportart anbetrifft. Auch Minigolf haben wir zum Beispiel schon gespielt. Es gibt keine festen Regelungen, dafür ist unsere Firma zu klein.

I: **Wie viele Beschäftigte nehmen an den Veranstaltungen regelmäßig teil?**

B: Das ist unterschiedlich und kommt auch immer darauf an, welche Sportarten angeboten werden. Beim Fußball sind das wenige, weil auch dementsprechend wenige Leute daran interessiert sind. Aber beim Minigolf oder Bowling nehmen schon mehr teil, so um die zehn Mitarbeiter. Das variiert aber, es sind nicht immer die gleichen. Beim Schlittschuhlaufen waren es sogar 15 Leute. So in diesen Größenbereichen bewegt sich das dann.

I: **Wie viele Mitarbeite hat die Firma insgesamt?**

B: Die Firma hat insgesamt ca. 120-130 Mitarbeiter.

4. Fragen zum Betriebsklima

I: Wie denken Sie über das Verhältnis zu Ihren Vorgesetzten? Ist es eher partnerschaftlich und kollegial oder treten häufig Konflikte mit Ihren Vorgesetzten auf?

B: Das ist schwierig zu sagen. Es ist eine Mischung aus beidem. Es ist nicht partnerschaftlich, wo man auf einer Ebene mit dem Vorgesetzten wäre, sondern es ist immer eine kleine Distanz zum Vorgesetzten da. Aber die Distanz finde ich gut, weil es eben der Vorgesetzte ist.
Ich denke, es ist ein gesundes Verhältnis zwischen partnerschaftlichem Verhältnis und Hierarchie. Insgesamt würde ich das Verhältnis als sehr gut einstufen.

I: Wie schätzen Sie das Verhältnis zu Ihren Kollegen ein? Hilft man sich bei Schwierigkeiten gegenseitig oder denkt jeder nur an sich selbst?

B: Ist das bezogen auf die Sportgruppe oder allgemein?

I: Zunächst erst mal allgemein.

B: Wir haben bei „XXX" *(Anm.: nennt den Namen des Unternehmens)* den Vorteil, dass wir ziemlich gut miteinander auskommen. Solche Dinge wie Mobbing, was man immer wieder hört, kennen wir eigentlich nicht. Das ist gut so und unser Arbeitsklima ist wirklich verdammt gut. Ansonsten würde man wohl in einer Firma mit 120 Beschäftigten solche Sportgruppen auch nicht zusammenbringen. Wenn das Betriebsklima schlecht wäre, würde man nicht freiwillig Veranstaltungen anbieten oder daran teilnehmen. Daran zeigt sich, dass es bei uns wirklich in Ordnung ist.

I: Sie hatten nachgefragt, ob das Verhältnis zu den Mitarbeitern, die an der Sportgruppe teilnehmen, gemeint ist. Gibt es da irgendwelche Unterschiede?

B: Das ist zwangsläufig der Fall. Wenn man an diesen Sportgruppen oder -veranstaltungen teilnimmt, kommt man sich vor allem persönlich näher. Man lernt den Charakter des Anderen viel besser kennen. In der Hinsicht denke ich auch, dass das Fundament für eine Zusammenarbeit wirklich besser ist.

Ich denke, man ist einsatzbereiter, wenn man gestern noch zusammen bowlen war, als wenn man sich nur aus der Arbeit kennt. Dieses Verhältnis schätze ich sehr hoch ein, wenn man privat miteinander Sachen unternimmt, auch Sport natürlich.

**I: Besteht ein reger Informationsfluss im Unternehmen, das heißt, sind Sie über wichtige Vorgänge immer informiert?**

B: Es wird immer unterschieden und selektiert, was wichtig für den jeweiligen Bereich ist. Wenn irgendwelche Bereiche für mich wichtig sind, dann werden die natürlich selektiert und mir auch zugeteilt. Ich denke, zu 99% klappt die Information, wobei 1% einfach nur vergessen wird, weiterzuleiten. Aber normalerweise wird man über die Bereiche, die einen tangieren, immer informiert. Die anderen Bereiche sind ja auch für die tägliche Arbeit nicht wichtig.

5. Fragen zu den Auswirkungen des Betriebssports auf das Betriebsklima

**I: Treiben Sie selber Betriebssport?**

B: Ja, ich mache meistens mit.

**I: Warum treiben Sie Betriebssport?**

B: Weil es mir einerseits körperlich gut tut und andererseits ein Ausgleich ist. Außerdem macht es einfach Spaß und man lernt die Arbeitskollegen mal anders kennen. Viel privater.

**I: Welchen Einfluss hat der Betriebssport auf Ihre körperliche und „geistige" Fitness? Unter geistiger Fitness verstehe ich einen klaren Kopf und eine gute Konzentrationsfähigkeit.**

B: Es hat sicherlich Einfluss. Aber in dem Maße, wie wir Betriebssport machen, glaube ich, dass es weniger Einfluss haben wird. Aber es ist für das Betriebsklima auf jeden Fall ein Vorteil. Ich vergleiche das mal mit diesen Adventure-Touren, die manche Firmen veranstalten. Es macht durchaus Sinn so etwas zu machen, denn man sitzt hier im gleichen Boot und hat die gleichen Aufgaben zu lösen.

Für uns persönlich ist der emotionale Faktor sehr wichtig, weil besser kennen lernen und verstehen können. Das überträgt sich dann auch auf andere Bereiche im Betrieb. Dabei spielt der Sport sicherlich eine große Rolle.

**I: Würden Sie sagen, dass der Betriebssport die Zugehörigkeit zum Betrieb fördert?**

B: Auf jeden Fall, klar. Das ist auf jeden Fall unumgänglich. Wenn ich nicht überzeugt bin von der Firma, dann gehe ich auch nicht in so eine Gruppe. Und wenn ich meine Kollegen nicht schätze oder nicht mag, dann würde ich solche Sachen ja gar nicht machen.

**I: Wenn man diese ganzen positiven Auswirkungen zu Grunde legt, würde sich dann Ihrer Meinung nach etwas ändern, wenn mehr Mitarbeiter diesen Sport ausüben würden, bzw. in Ihrem konkreten Fall, wenn man häufiger den Sport zusammen ausüben würde? Hätte das Auswirkungen auf das Betriebsklima?**

B: Das ist schwierig zu sagen. Es ist immer so eine Sache von wegen freiwillig und Pflicht. Man muss immer einen gesunden Mittelweg finden, wie es für das einzelne Unternehmen richtig ist. Wenn man es theoretisch vergleicht, würde ich schon sagen, dass es einen positiven Einfluss ins Betriebsklima gibt. Praktisch sieht es so aus, dass man nur einen geringen Teil der Leute dazu bewegen kann mitzumachen. Wenn man jetzt alle Mitarbeiter zum Betriebssport verpflichten würde, wäre es eher schon wieder ein Pflichtdenken und ein Muss. Ich glaube, das wäre nicht so motivierend. Deswegen sind wir bei uns in der Firma auch immer flexibel.

# Interview 6:

1. Erklärung warum die Befragung durchgeführt wird

2. Versicherung der vertraulichen Behandlung der Daten

3. Fragen zum Betriebssport

**I: Welche Art von Sport wird in Ihrem Unternehmen angeboten und von wem wird der Sport organisiert?**

B: Bei uns im Unternehmen wird Fußball angeboten, was von einem Abteilungsleiter aus dem Logistikzentrum organisiert wird. Dann gibt es noch eine Kegelgruppe, soviel ich weiß, aber wer die betreut weiß ich jetzt nicht.

**I: Wie oft findet Fußball gewöhnlich statt?**

B: Einmal wöchentlich. Es ist aber die letzten paar Male immer ausgefallen, weil nicht genügend Teilnehmer da waren.

**I: Wie viele nehmen daran immer teil?**

B: Meistens sind wir ca. 13-17 Mann. Wenn es weniger sind, ist es halt schwierig. Aber das wird vorher per Mail abgeklärt.

**I: Ist das bisher immer gut angenommen worden? Hat es sich die Teilnahe erst in letzter Zeit verschlechtert?**

B: Also am Anfang kam es gut an. Eher besser wie jetzt und jetzt ist es mit der Zeit eingeschlafen.

**I: Woran könnte das liegen?**

B: Zum einen sind Leute dabei, die schon etwas älter sind und öfter Verletzungen haben. Wenn zum Beispiel Hallentraining ist, ist auch die Verletzungsgefahr größer. Dann hat der eine keine Lust mehr, der andere hat keine Zeit und dann gibt es eine Kettenreaktion.

**I: Betreibt Ihr Unternehmen noch andere Maßnahmen betrieblicher Gesundheitsförderung?**

B: Da ist mir nichts bekannt. Es gibt zwar noch die andere Sportgruppe, die Kegelgruppe, aber sonst weiß ich nichts.

**I: Irgendwelche Programme der AOK, wie Rückenschule oder ähnliches?**

B: Nein.

4. Fragen zum Betriebsklima

> I: Wie denken Sie über das Verhältnis zu Ihren Vor
> gesetzten? Ist es eher partnerschaftlich und kollegial oder
> treten häufig Konflikte mit den Vorgesetzten auf?
>
> B: Partnerschaftlich und kollegial. Da gibt es überhaupt keine
> Probleme.
>
> I: Können Sie das konkretisieren?
>
> B: Konflikte gibt es da eigentlich überhaupt nicht. Man be
> redet Probleme unter sich ohne, dass man den nächst höheren
> Leiter dazu braucht.
>
> I: Und wie ist das Verhältnis zu den Kollegen selber?
> Untereinander?
>
> B: Gut.
>
> I: Hilft man sich bei Schwierigkeiten weiter oder macht
> jeder seine Arbeit für sich?
>
> B: Nein, man hilft sich immer gegenseitig. Auf jeden Fall. Man
> kann sich ja dann auch selber fortbilden im Endeffekt. Wenn
> man seine eigenen Fehler sieht und sich gegenseitig hilft. Das
> klappt sehr gut.
>
> I: Wie sieht es denn mit dem Informationsfluss im Unter
> nehmen aus? Sind Sie über wichtige Vorgänge immer in
> formiert?
>
> B: Also über Vorgänge, die die Abteilung betreffen, eigentlich
> ja. Was den Informationsfluss im Unternehmen selbst betrifft
> mittelmäßig. Je größer das Unternehmen ist, desto schwieriger
> wird das Ganze. Da kriegt man manches nicht auf direktem
> Wege mit, sondern eher hintenrum, wenn es irgendwelche
> Veränderungen gibt.

5. Fragen zu den Auswirkungen des Betriebssports auf das Betriebsklima

> I: Betreiben Sie selber Betriebssport?
>
> B: Ja. In der Fußballmannschaft.

**I: Und warum nehmen Sie teil?**

B: Weil ich selber regelmäßig in einem Fußballverein bin und da auch regelmäßig trainiere und dann bietet sich das an. Dann hat man erstens genug Leute und zweitens lernt man die anderen Mitarbeiter besser kennen. Und das Verhältnis zueinander wird gestärkt.

**I: Welchen Einfluss hat der Betriebssport oder der Sport allgemein auf Ihre körperliche und geistige Fitness? Unter geistiger Fitness verstehe ich dabei einen klaren Kopf und eine gute Konzentrationsfähigkeit.**

B: Also zur geistigen Fitness weiß ich jetzt nichts, weil ich das einfach schon immer mache. Ich weiß nicht, wie es ist, wenn ich keinen Sport mehr machen würde. Körperlich ist man auf alle Fälle weniger krankheitsanfällig, also gesünder.

**I: Hat der Sport Einfluss auf ihre Arbeit?**

B: Nein, also das Training ist immer montagabends und von daher ist das nach meiner Arbeitszeit und beeinflusst die Arbeit nicht direkt.

**I: Würden Sie sagen, dass Sie den Stress besser ertragen können und besser abschalten können durch den Sport, den Sie betreiben?**

B: Würde ich sagen, ja. Also während der zwei Stunden Training denkt man nur an den Sport. Da muss man überhaupt nicht an die Arbeit denken.

**I: Wenn man jetzt die Fußballmannschaft an sich nimmt und man dort zusammen Sport treibt, kommt man da häufiger auf die Arbeit zu sprechen oder unterhält man sich mehr privat?**

B: Meistens eher privat, aber es kommt auch mal zu Themen, die man so in der Arbeit nicht klären kann, die man da in einem lockereren Verhältnis klären kann, weil man sich zum Beispiel die Abteilungsleiter oder höheren Personen in der Arbeit nicht anzusprechen traut.

I: Also wirkt es sich auf das Verhältnis zu den Vorgesetzten und den anderen Mitarbeitern aus, wenn man zusammen Betriebssport betreibt?

B: Ja, auf alle Fälle. Also zum Beispiel ist man in der Arbeit immer per Sie zu den Vorgesetzten, beim Betriebssport sind wir per Du. Also es ist einfach viel lockerer.

I: Wird das dann in der Arbeit beibehalten?

B: Also in meinem Fall eher nicht. In der Arbeit gehört es sich einfach, dass man die Vorgesetzten mit „Sie" anredet.

I: Machen Sie einen Unterschied zwischen teilnehmenden und nicht teilnehmenden Mitarbeitern? Kann man sagen, dass man sich mit Problemen eher zu jemandem traut, den man privat schon kennt?

B: Nein, das ist bei uns kein Problem. Da ist das einfach voneinander losgelöst, der Sport und die Arbeit.

I: Ein gutes Betriebsklima erkennt man z. B. daran, dass es wenig Beschwerden gibt, ein schlechtes z. B. daran, dass häufig Konflikte zwischen Mitarbeitern oder Vorgesetzten gibt. Würde sich am Betriebsklima Ihrer Meinung nach etwas ändern, wenn mehr Mitarbeiter am Betriebssport teilnehmen würden?

B: Meiner Meinung nach ja, weil man einfach beim Sport mehr Arbeitsprobleme klären kann. Und dann ist ein Großteil der Probleme schon mal auf diesem Weg gelöst.

I: Und bezüglich des Verhältnisses untereinander?

B: Das Verhältnis ist besser. Wenn man per Du ist, ist es immer nicht so angespannt, als wenn man sich nur siezt.

# Bücher

**Ambros, Eva/Andreas, Adriane/Birk, Doris u. a.:** Gesundheit, 5. Auflage, München 2002

**Armstrong, Lance:** Tour des Lebens, Bergisch Gladbach, 2001

**Babbit, Bob:** 25 Years of the Ironman Triathlon World Championship, Oxford 2003

**Benner, K. U.:** Gesundheit und Medizin heute, Augsburg 2000

**Beyer, Horst-Thilo:** Personallexikon , München 1990

**Bloss, Hans:** Topfit durch Bewegung, München 1994

**Decker, Franz/Decker, Albert:** Gesundheit im Betrieb, Leonberg 2001

**Dincher, Roland:** Fluktuation, in: Gaugler, Eduard/Weber Wolfgang (Hrsg.): Handwörterbuch des Personalwesens, 2. Auflage, Stuttgart 1992

**Drumm, Hans Jürgen:** Personalwirtschaft, 4. Auflage, Berlin 2000

**Fischer, Joschka:** Mein langer Lauf zu mir selbst, 2. Auflage, Köln 1999

**Fixx, James:** Das komplette Buch vom Laufen, 19. Auflage, Frankfurt am Main 2000

**Friedrichs, Jürgen:** Methoden empirischer Sozialforschung, 14. Auflage, Opladen 1990

**Golf, Franz:** Unser Hausarzt, München 1986

**Hentze, Joachim:** Personalwirtschaftslehre 2, 6. Auflage, Bern 1995

**Hopf, Christel:** Qualitative Interviews in der Sozialforschung, in: Flick, Uwe / von Kardoff, Ernst / von Rosenstiel, Lutz / Wolff, Stephan (Hrsg.): Handbuch qualitative Sozialforschung, 2. Auflage, Weinheim 1995

**Hopfenbeck, Waldemar:** Allgemeine Betriebswirtschafts- und Managementlehre, 13. Auflage, Landsberg/Lech 2000

**Jung, Hans:** Personalwirtschaft, 4. Auflage, München 2001

**Jung, Klaus:** Sportliches Langlaufen - Der erfolgreiche Weg zur Gesundheit, Puchheim 1984

**Lamnek, Siegfried:** Qualitative Sozialforschung, Band 1: Methodologie, 3. Auflage, Weinheim 1995

**Lamnek, Siegfried:** Qualitative Sozialforschung, Band 2: Methoden und Techniken, München 1989

**Luh, Andreas:** Betriebssport zwischen Arbeitgeberinteressen und Arbeitnehmerbedürfnissen, Aachen 1998

**Maslow, Abraham H.:** Motivation und Persönlichkeit, 9. Auflage, Olten 2002

**Mayntz, Renate/Holm, Kurt/Hübner, Peter:** Einführung in die Methoden der empirischen Sozialforschung, 5. Auflage, Opladen 1978

**Müller-Seitz, Peter:** Betriebssport, in: Gaugler, Eduard/Weber Wolfgang (Hrsg.): Handwörterbuch des Personalwesens, 2. Auflage, Stuttgart 1992

**Nick, Franz R.:** Sozialleistungen, betriebliche und Sozialeinrichtungen, in: Gaugler, Eduard/Weber, Wolfgang (Hrsg.): Handwörterbuch des Personalwesens, 2. Auflage, Stuttgart 1992

**Nieder, Peter:** Absentismus, in: Gaugler, Eduard/Weber Wolfgang (Hrsg.): Handwörterbuch des Personalwesens, 2. Auflage, Stuttgart 1992

**Opp, Karl-Dieter:** Methodologie der Sozialwissenschaften, 5. Auflage, Wiesbaden 2002

**Riehle, Frank/Scharnagl,** Hermann: Lifepower für Manager, München 2002

**Schanz, Günther:** Personalwirtschaftslehre, 3. Auflage, München 2000

**Scheuch, Erwin K.:** Das Interview in der Sozialforschung, in: König, René (Hrsg.): Handbuch der empirischen Sozialforschung, Band 2, 3. Auflage, Stuttgart 1973

**Schuler, Heinz:** Lehrbuch der Personalpsychologie, Göttingen 2001

**Schwarz, Hubert:** Power of Mind, Berlin 2002

**Seidel, Michael:** Existenzgründung aus der Arbeitslosigkeit, Wiesbaden 2002

**Spöhring, Walter:** Qualitative Sozialforschung, Stuttgart 1989

**Staehle, Wolfgang:** Management, 8. Auflage, München 1999

**Steinle, Claus:** Führungsstile, in Gaugler, Eduard/Weber Wolfgang (Hrsg.): Handwörterbuch des Personalwesens, 2. Auflage, Stuttgart 1992

**Tofahrn, Klaus W.:** Soziologie des Betriebssportes, Berlin 1992

**Tofahrn, Klaus W.:** Arbeit und Betriebssport, Berlin 1991

**von Rosenstiel, Lutz:** Betriebsklima geht jeden an, 4. Auflage, München 1992

**von Rosenstiel, Lutz:** Motivation im Betrieb, 10. Auflage, Leonberg 2001

**von Rosenstiel, Lutz/Falkenberg, Thomas/Hehn, Walter:** Betriebsklima heute, 2. Auflage, Ludwigshafen 1983

**Weber, Alexander:** Seelisches Wohlbefinden durch Laufen, 3. Auflage, Oberhaching 1985

## *Zeitschriften*

**Lehmann, Jan:** Erst die Arbeit, dann das Vergnügen, in: Personalmagazin, Mai (2002)

**Lehmann, Jan:** Wenn das Team für die Firma spielt, in: Personalmagazin, Mai (2002)

**Roßel, Stefanie:** Betriebsausflug an den Main, in: Runner´s World, August (2003)

**Sonnemann, Friederike:** Pausen als Kraftquellen, in: HelfRecht Methodik (I/1998)

**Steffens, Thomas:** 40 000 liefen durch Mainhattan, in: Runner´s World, Juli (2001)

# Internet

http://www.deutscher-betriebssportverband.de/dokumente/50-
jahre-deutscher-betriebssportverband.doc (17.02.2004)

http://www.deutscher-betriebssportverband.de/dokumente/
aufgabenzielestrukturen.doc (17.02.2004)

http://www. deutscher-betriebssportverband.de/dbsv-info1.html
(17.02.2004)

http://www.deutscher-betriebssportverband.de/dbsv-info1.html
(17.02.2004)

http://www.deutscher-betriebssportverband.de/dokumente/50-
jahre-deutscher-betriebssportverband.doc (17.02.2004)

http://www.deutscherbetriebssportverband.de/
dokumente/leitbild.doc (17.02.2004)

http://www.gmuender.org/si/sld006.htm (22.05.2004)

http://www.gmuender.org/si/sld043.htm (22.05.2004)

http://www.gmuender.org/si/sld044.htm (22.05.2004)

http://www.hdako.de/dbsv/dokumente/dbsv-klausurtagung-
muenster2003.doc (20.02.2004)

http://www.jungheinrich.de/files/lib/job/PSB_2001_dt.PDF
(20.11.2003)

http://www.mit-dem-rad-zur-arbeit.de/bayern (16.06.2004)

http://www.outdoor-im-vfb.de/arch/press/Rehau_is_running.htm
(23.03.2004)

http://www.sport.bayer.de/index.cfm?PAGE_ID=3436
(18.03.2004)

http://www.wissen.de/xt/default.do?MENUNAME=Suche&SEARCH
TYPE=topic& query=sozialleistungen (11.12.2003)

http://www.zdf.de/inhalt/23/0,1872,1020343,00htm (14.04.2004)

2104071R00074

Printed in Germany
by Amazon Distribution
GmbH, Leipzig